Rodeln in den Bayerischen Alpen

Die schönsten Strecken und die gemütlichsten Hütten

W0205428

Johann Mayr, Nicola Förg

Hrsg. Matthias Busch

BRUCKMANN

Region Inntal

Region Chiemgau

Region Berchtesgadener Land

Zum Start

Immer mehr Wintersportler zieht es wieder zum Rodeln. Rodeln in verschneiter Winterlandschaft ist nicht nur eine kostengünstige Freizeitgestaltung, sondern erfüllt das Bedürfnis nach sportlichem Erlebnis in intakter Natur. Es gibt Menschen, die genießen es, auszuschlafen, sie warten ab, bis sich die Staus auf der Autobahn aufgelöst haben und ziehen dann gemütlich in der ruhigen Winterlandschaft ihren Schlitten den Berg hinauf.
Sollen sich andere im Gewusel am Skilift drängeln! Nicht dass die typischen Rodler Faulpelze oder Einsamkeitsfanatiker sind, auch sie schwitzen und brauchen ihre Adrenalinstöße, nein, auch Rodler wollen mit netten Leuten ihren Spaß haben. Aber dazu ist kein Pistenrummel notwendig.
Wer viel geht, fährt voll ab – ein leicht abgewandeltes Motto eines bekannten Wanderführers, könnte der Leitspruch dieses Rodelführers sein, denn genauso wichtig wie die fetzige Abfahrt ist der schöne Aufstieg in möglichst natürlicher Umgebung. Ausführlich werden 61 Rodeltouren für die verschiedensten Ansprüche beschrieben: Familientouren und anspruchsvolle Rodelbahnen, kurze und lange Abfahrten, Touren der Spitzenklasse in Aufstieg und Abfahrt, andere, bei denen der Schwerpunkt entweder auf dem Aufstieg oder der Abfahrt liegt. Verträumte Almen und zünftige Hütten werden beschrieben.

Aus der Bahn!

In diesem Band werden einige von den Verkehrsämtern ausgewiesene und gemeindlich geräumte Rodelbahnen vorgestellt. Er enthält aber auch eine Anzahl inoffizieller Touren, auf denen ohne behördlichen Segen gerodelt wird. Die beschriebenen Rodeltouren sind den Witterungsbedingungen unterworfen, mal sind sie wegen zu viel, dann wegen zu wenig Schnee unpassierbar, mal sind sie eisig oder aper, aber mit etwas Glück sind sie wunderbar zu befahren und man hat einen Riesenspaß. Bei der Beschreibung der einzelnen Touren fließt zwangsläufig persönlicher Erlebnisbericht mit ein. Wir haben versucht, die Situation so zu beschreiben, wie wir sie vorfanden. Die erwähnten Hütten und Gasthäuser liegen zumeist an den Rodelstrecken, eine genaue Postadresse anzugeben ist deshalb nicht notwendig.

Ausrüstung

Bergschuhe mit gutem Profil, warme, Nässe abweisende Kleidung und feste Handschuhe gehören zur Grundausrüstung. Gamaschen dichten die Schuhe nach oben ab, auf dem niedrigen Tourenschlitten erweist sich eine Skiüberhose als ganz praktisch. Wenn man mit hoher Geschwindigkeit bei Schneetreiben abfährt, ist man froh, Schal und Skibrille dabei zu haben. Ein kleines Verbandspäckchen kann nie schaden, auch ein Helm wäre aus Sicherheitsgründen nicht schlecht.

Ein Teleskopstock erleichtert den Aufstieg bei schlechten Wegeverhältnissen. Zur Abfahrt schiebt man ihn zusammen und verstaut ihn im Rucksack. Hat man Angst um seinen teuren Designerschlitten, sollte man auch ein Fahrradschloss einstecken.

Manchmal bietet ein Schwimmbad oder eine Sauna eine ideale Ergänzung zu unserer Rodeltour, denken Sie gegebenenfalls daran, Badesachen einzupacken.

Der Rodel

Schlitten wurden bereits bei den Ägyptern zum Bau der Pyramiden eingesetzt. Die ältesten noch erhaltenen Schlitten mit zwei Kufen wurden Anfang des Jahrhunderts in Norwegen gefunden. Diese Transportschlitten der Wikinger werden ungefähr auf das 8. Jh. n. Chr. datiert.

Im Mittelalter waren Pferdeschlitten als Transportmittel weit verbreitet. In den Alpen wurde Holz mit großen Hörnerschlitten zu Tal gebracht. Die ersten geschichtlich überlieferten Rodler waren schlesische Bergarbeiter, die im ausgehenden 17. Jh. mit Schlitten zur Arbeit fuhren. Im 18. Jh. gab es in Russland bereits künstliche Rodelbahnen zum Vergnügen der Aristokratie.

Die ursprünglichen Rodel waren sehr einfach konstruiert, sie bestanden aus einer Planke mit zwei angesetzten Seitenbrettern. Die Weiterentwicklung orientierte sich an den Hundeschlitten mit zwei Kufen. Vorwiegend in Gebirgsregionen entstanden Schlitten mit Holmen, Sitz und Stahlkufen.

Rodelrennen, die ab Mitte des 19. Jhs. ausgetragen wurden, führten zur Verfeinerung der Konstruktion. Beim ersten internationalen Wett-

Tourenrodel

Hörnerschlitten

Klappschlitten

Sportrodel

Davoser Rodel

Plastikrodel

schlitteln 1883 in Davos teilten sich ein Australier und ein Schweizer den ersten Platz. Die ersten Rennschlitten ähnelten noch stark unseren heutigen Kinderschlitten. Um 1900 führten österreichische Rodler schwere Stahlschlitten ein, die Bayern setzten auf wesentlich leichtere Holzrodel, die auf kurvigen Strecken von Vorteil waren.
1913 kam ein kürzerer und schmalerer Schlitten mit schräg gestellten Kufen ins Rennen, der ohne das bis dahin übliche Querjoch flexibel und damit lenkbar wurde. Dieser Rodel ist der Urahn des modernen Touren- und Rennschlittens.
Heute sind im Handel drei Grundtypen von Rodel erhältlich:
- einfache Rodel
- Tourenrodel
- Rennrodel

Der einfache Rodel, **Davoser- oder Hörnerschlitten**, besteht aus einer starren Grundkonstruktion, die Sitzfläche ist entweder aus Latten verschraubt oder aus Gurten geflochten. Die Kufen stehen mehr oder weniger senkrecht zur Bahn. Durch seinen starren Aufbau neigt dieser Rodel in den Kurven leicht zum Ausbrechen und ist schwerer zu kontrollieren als der Tourenrodel.
Der **Touren-** oder **Sportrodel** hat im Gegensatz dazu ein flexibles Grundgerüst, einen festen Lenkriemen und Kufen, die im schrägen Winkel zur Bahn geneigt sind. Diese Schlitten sind schwerer (ca. 12 kg) und etwa doppelt so teuer wie ein einfacher Rodel. Dafür gewinnt man wesentlich mehr Fahrsicherheit, Lenk- und Bremsmanöver

sind entschieden kontrollierbarer. Allerdings benötigt man durch die tiefere Sitzposition mehr Kraft zum Bremsen und Lenken. Der Tourenrodel ist derzeit das beliebteste Sportgerät auf den Naturrodelbahnen.
Der **Rennrodel** mit seinen messerscharfen Laufschienen ist für Naturrodelbahnen ungeeignet. Zum einen müsste man wesentlich mehr Gewicht (14 kg) hochziehen, zum anderen ist er nur für die Eisbahn ausgelegt.
Klapprodel brauchen weniger Stauraum, sind also gut geeignet um sie in öffentlichen Verkehrsmitteln mitzunehmen oder sie im kleinen Kofferraum zu verstauen, sie sind in der Regel recht stabil, haben aber nicht die günstigen Fahreigenschaften eines Tourenrodels.
Kunststoffbobs sind für die im Buch vorgestellten Rodeltouren kaum geeignet.
Augen auf beim **Rodelkauf**: Ein guter Rodel kann Jahrzehnte halten; auf den Rodelbahnen sind teilweise noch Modelle im Einsatz, die aus der ersten Hälfte des letzten Jahrhunderts stammen. Es lohnt sich deshalb für den Geldbeutel, beim Rodelkauf auf Qualität zu achten. Billige Baumarktschlitten können ganz anständig sein, aber man hat keine Garantie dafür, dass das Holz richtig getrocknet und gelagert wurde. Wenn sich nach einiger Zeit die Spur verzieht und der Rodel nur noch Bögen fährt, war selbst das billigste Angebot zu teuer.
Wenn Sie sich für ein Modell entschieden haben, sollten Sie sich im Laden zur Probe darauf setzen und dabei Sitzhöhe und -breite überprüfen. Bei schmaler **Sitzfläche** wird es für einen Erwachsenen vielleicht unbequem, auf einem breiten Sitz haben Kinder mit kurzen Beinen Schwierigkeiten, die Füße auf den Kufen abzustellen. Die textile Sitzbespannung fängt Stöße auf der Piste besser ab als ein Holzrost. Wenn Sie Ihren Körper beim Probesitzen seitlich verlagern, können Sie die Kippstabilität des Schlittens prüfen. Einen Qualitätsschlitten erkennt man an der Verarbeitung: Wesentliche Details sind stabile, splitterfreie Latten mit gerundeten Ecken und Kanten, Kufen, die über die Enden gezogen sind, stabile Zugeinrichtungen, gerundete Metallteile und geschützte oder abgedeckte Verschraubungen. Damit verringert sich die Verletzungsgefahr bei Stürzen. Im Geschäft prüft man, ob die Kufen parallel laufen, das Holz astfrei ist und die Holzmaserung parallel zu den Latten verläuft. Esche ist etwas elastischer als Buche und deshalb vorzuziehen.

Rodelbahn am Pürschling

Neue **Laufschienen** sind lackiert oder verzundert, damit sie nicht bereits im Laden rosten, Zunder sollte man vor dem ersten Gebrauch abschmirgeln. Zum Korrosionsschutz verwendet man Öl oder Wachs. Mit der teureren Variante – den Nirostakufen – entfällt natürlich die Wartung.
Damit man bei der Abfahrt vom Bergaufwanderer gehört wird, sollte an jeden Rodel eine kleine Glocke gebunden sein. Die Schnur des einfachen Rodels sollte man auf alle Fälle durch einen kräftigen Gurt, der an den Spitzen der beiden Kufen angebunden wird, ersetzen. Damit kann man eine leichte Rückenlage einnehmen. Nun ist allerdings der Gurt so kurz, dass uns der Schlitten beim Hochziehen ständig ans Schienbein stößt – dagegen hilft ein kleine Verlängerungsschlaufe, ebenfalls aus Gurtmaterial. Oder man befestigt den Gurt mit Karabinerhaken an jedem Ende und löst einen beim Bergaufziehen.

Rodeltechnik

Gewiss hat fast jeder schon instinktiv als Kind gelernt, wie er oder sie als Höchstgeschwindigkeitsrodler einigermaßen unbeschadet den Hügel runterkommt. Trotzdem sind an dieser Stelle einige grundsätzliche Tipps zum Sitzen, Lenken und Bremsen angebracht:
Auf dem **einfachen Rodel** sitzt man mehr oder weniger senkrecht, denn eine liegende Sitzposition, wie bei Touren- oder Rennrodel üblich, würde den Überblick über die Naturrodelbahn, insbesondere ihrer Kurven, erschweren und wäre damit ziemlich unfallträchtig. Man hält sich am Gurt fest und nimmt ungefähr in der Mitte des Schlittens eine leichte Rückenlage ein. Die Füße hält man in Lenk- und Bremsbereitschaft parallel neben den Kufen. Man lenkt, indem man den Fuß mit richtig dosiertem Druck auf der Kurveninnenseite aufstellt oder die entsprechende Hand leicht nach hinten versetzt auf die Bahn auflegt. Mit der anderen Hand hält man sich am Riemen fest.

Rodel-Potpourri

Die Fahrweise auf einem **Tourenrodel** unterscheidet sich erheblich von der auf einem einfachen Rodel. Man setzt sich auf die vorgesehene Sitzmulde, etwa 20 cm hinter dem vorderen Querholm, und legt die Beine seitlich an die Kufenspitzen. Auf der Naturbahn bevorzugt man eine nach hinten geneigte Sitzhaltung. Der Oberkörper ist aufgerichtet, eine Hand fasst den Lenkriemen, die andere greift unter den Holm. Der

Tourenrodel wird im Prinzip durch eine Kombination aus Gewichtsverlagerung, Ziehen am Lenkriemen und Drücken auf die Kufen gesteuert. Für eine Linkskurve legt man sich leicht nach links, zieht mit dem Riemen an der linken Kufe und drückt mit dem Fuß die rechte Kufe nach innen.

Rodelbahn Sieblistraße

Genügt das alles für unser Lenkmanöver noch nicht, kann man mit Handlenkung auf der Kurveninnenseite unterstützend eingreifen.

Zu zweit fahren ist dann richtig schön, wenn sich beide einig sind. Beide sollten gleichzeitig lenken und bremsen und sich auf dieselbe Seite der Kurve legen. Der oder die Leichtere setzt sich beim einfachen Rodel besser nach vorn. Das ist zwar eindeutig der schlechtere Platz, nicht nur, weil man den beim Bremsen aufgewirbelten Flugschnee ins Gesicht bekommt. Man übernimmt im Fall eines Sturzes eine gewisse Polsterfunktion für den Hintermann. Jedoch kann der schwerere Hintermann bzw. die schwerere Hinterfrau besser lenken und bremsen.

Richtig **bremsen** zu können ist die wichtigste Voraussetzung für eine sichere Fahrt. Das Bremsmanöver ist bei beiden Arten von Rodeln gleich: Man setzt die Füße dicht neben den Kufen flach auf die Bahn und zieht den Rodel am Gurt bzw. den Holmen vorn hoch. Auf eisigen Bahnen werden manchmal Fahrradketten um die Füße gewickelt, Reibeisen unter die Schuhe gebunden oder Spikes in die Schuhsohlen geschraubt. Dies sind alles keine Methoden für Otto Normalrodler. Der sollte Schlittenpartieen auf vereisten Strecken grundsätzlich meiden.

Auch der **Aufstieg** kann Gefahren bergen: Halten Sie immer Ohren und Augen auf, es kann jederzeit jemand mit großer Geschwindigkeit entgegenkommen. Für alle gilt, an unübersichtlichen Stellen geht man hintereinander. Um Gefahrenstellen der Rodelbahn richtig einzuschätzen, achtet man schon beim Aufstieg auf scharfe Kurven, auf Eisplatten und Unebenheiten (Weideroste).

Kommt es trotz aller Vorsichtsmaßnahmen zu einem **Sturz**, sollte man sich möglichst locker und ohne Anspannung vom Schlitten fallen lassen. Trennen sollte man sich vom Rodel nur, wenns gar nicht mehr anders geht. Ein herren- oder damenloser Rodel kann für andere ziemlich gefährlich werden, deshalb den Gurt oder die Schnur nicht loslassen, solange wirklich keine Notwendigkeit dazu besteht.

Eiszapfen an der Partnach-Alm

Zu den Themen **Kinder** und **Hunde** noch ein paar Sätze: **Hunde** kommen nach unserer Erfahrung mit den abfahrenden Rodlern nur schwer zurecht. Entweder sie sind beim Ausweichen ziemlich unschlüssig und nötigen den Rodler in letzter Sekunde zu riskanten Brems- und Ausweichmanövern oder sie versuchen, dem Vorbeifahrenden in den Arm zu beißen. Hunde haben auf der Rodelbahn nichts zu suchen.

Kleine **Kinder** haben die gleichen Probleme – sie wissen nicht, auf welche Seite sie springen sollen, wenn ein Rodler vorbeisaust. Deshalb ist es zu Beginn der Tour wichtig, mit den Kindern die Verhaltensregeln für den Aufstieg zu besprechen und die Kleinen notfalls an die Hand zu nehmen.

Regel Nummer 1: Augen immer nach oben,

Regel Nummer 2: alle auf eine Seite ausweichen,

Regel Nummer 3: Schlitten an den Rand ziehen, wenn jemand entgegenkommt.

Bei kalter Witterung und langer Abfahrt kann es passieren, dass Kinder stark auskühlen und jämmerlich frieren. Dann macht selbst der schönste Schnee keinen Spaß mehr. Gleiches gilt, wenn man Kinder lange auf dem Schlitten zieht oder eine lange Abfahrt fährt: Ohne ausreichende Bewegung kühlt jeder leicht aus. Hier hilft eine Decke oder auch ein Fellsack. Wenn man beim Aufstieg bemerkt, dass die Strecke durch Vereisung oder zu steiles Gefälle das Können der Kids überfordert, ist Umkehren angesagt. Ohne Wenn und Aber.

Bild S. 12/13: Bergwirtschaft St. Martin (Tour 15)

Vorsichtsmaßnahmen

Viele der beschriebenen Rodelbahnen führen über Forststraßen und oft wird das Rodeln dort nur stillschweigend geduldet. Mit entgegenkommenden Traktoren und Fußgängergruppen sollte man stets rechnen.
Auch nachts kann gerodelt werden: Bei Vollmond im Wald steile Wege aufzusteigen und abzufahren kann ein traumhaftes Erlebnis sein. Bedenken Sie, dass es bei Neumond oder bedecktem Himmel stockdunkel wird. Vergessen Sie deshalb die Stirnlampe nicht. Besser ist es aber in jedem Fall rechtzeitig abzufahren.
Lustig ist es auf der Alm, lustiger bei Bier und Wein. Noch lustiger ist die Abfahrt: Links sind Bäume, rechts sind Bäume und dazwischen Zwischenräume ... Diese Zwischenräume können unter Alkoholeinfluss ziemlich eng werden; Spaß beiseite, fast alle schwereren Rodelunfälle stehen mit Alkohol in Verbindung. Deshalb sollte Ihr einziger Rausch auf der Rodelbahn der Geschwindigkeitsrausch sein, sonst gefährden Sie sich und andere.

Zeitangaben

Die Angaben über die Dauer der Touren beruhen auf eigenen Erfahrungen der Autoren. Für schnelle Wanderer – wir sind die meisten Touren mit kleinen Kindern (5 und 9 Jahre) gegangen – und für langsame Wanderer mag die Dauer jeweils ein wenig variieren. Mit Rodel benötigt man etwa ein Viertel mehr Zeit als ohne.

Schwierigkeitsstufen

Die bei jeder Tour angegebene Bewertung des Schwierigkeitsgrades der Rodeltouren bezieht sich auf gute Schneeverhältnisse. Auf gefrorenem Weg wird die sonst sanfte Kinderrodelbahn zur unkontrollierbaren Rutschpartie. Rodeln auf vereisten Bahnen ist mit einem enormen Unfallrisiko verbunden, denn Bäume oder Felsen weichen nicht aus. Hier ist rechtzeitiges Umkehren unumgänglich!

Gefahrenhinweis

Schwierigkeitsgrad 1:
einfache Familienrodelbahn für Anfänger und Kinder

Schwierigkeitsgrad 2:
Rodelbahn für geübte Rodler

Schwierigkeitsgrad 3:
anspruchsvolle Rodelbahn mit Steil- oder Engstellen für geübte Rodler

Schwierigkeitsgrad 4:
steile oder gefährliche Rodelbahn, bei sehr guten Schneeverhältnissen für mutige Rodler befahrbar.

Rodeltouren

1 Drehhütte – Hohenschwangau

Hoch überm Bannwaldsee steht im Bergwald eine idyllische kleine Hütte, die so aussieht, als hätte sie sich seit der Mitte des vergangenen Jahrhunderts kaum verändert. In der kleinen Stube kann man gemütlich sitzen und gut essen, anschließend auf der durchaus abwechslungsreichen Rodelbahn die Kurven und den herrlichen Weitblick über die Seen des oberen Lechtals genießen.

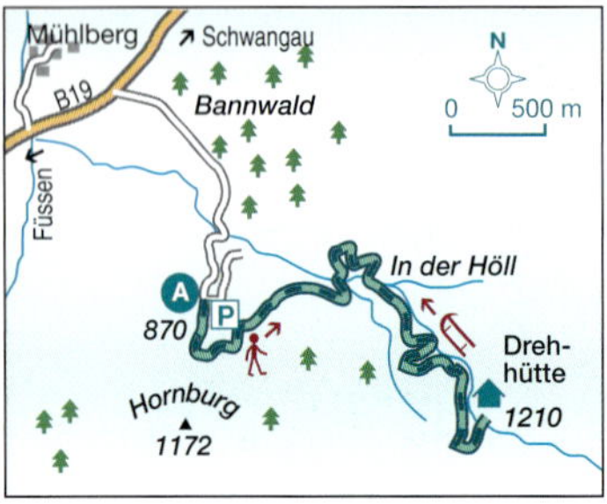

Aufstieg Vom Wanderparkplatz führt ein Forstweg in Serpentinen durch den lichten Bergwald zur Drehhütte hinauf. Unterwegs wird der Aufstieg mit schönen Ausblicken über das Lechtal und seine Seen belohnt. Etwa 10 Minuten nach dem Parkplatz

Tourencharakter Die Rodelbahn, die vom Wirt der Drehhütte gepflegt wird, führt mit schönen Kurven und sportlichem Gefälle durch Mischwald und Lichtungen, an einem tiefen Kar vorbei. Auch Kindern wird es hier nicht langweilig, besonders wenn sie zusammen mit den weniger sportlichen Rodlern auf dem Pferdeschlitten zur Hütte hinaufgezogen werden. Anstieg und Rodelbahn befinden sich auf einer gemeinsamen Trasse, deshalb sollte man dort aufmerksam wandern und vorausschauend abfahren, insbesondere weil man bei dieser Tour mit dem entgegenkommenden Pferdeschlitten rechnen muss.
Offizielle Rodelbahn, meist geräumt.

Schwierigkeitsgrad: 2–3
Ausgangsort: 2 km südöstlich von Schwangau
Anfahrt: Autobahn A 96 München – Lindau bis zur Ausfahrt Landsberg West. Auf der B 17 an Schongau vorbei, weiter, ca. 3 km nach Buching links zum Parkplatz Drehhütte. Mit der Bahn bis Füssen, umsteigen in Bus 9715 Richtung Schongau, Ausgangspunkt ist die Abzweigung zur Drehhütte, von dort etwa 10 Minuten zum Parkplatz.
Einkehren: In Schwangau gibt es viele Gaststätten für viele Touristen. Lokale, in denen auch viele Einheimische verkehren, sind der Schneiderhanser, Familie Helmer, Tel. 0 83 62/98 00, Mitteldorf 10, der Gasthof zur Post, Tel. 0 83 62/82 35, Münchner Straße 5, und der Hanselewirt, Tel. 0 83 62/82 37, Mitteldorf 13.
Karte: Topografische Karte Werdenfelser Land, Maßstab 1:50 000, Bayerisches Landesvermessungsamt München
Fremdenverkehrsamt: Kurverwaltung Schwangau, Münchner Straße 2, 87645 Schwangau, Tel. 0 83 62/8 19 80, Fax 81 98 25, E-Mail info@schwangau.de, Internet www.schwangau.de

zweigt rechts ein Weg ab, wir halten uns aber geradeaus. Nach weiteren 10 Minuten lichtet sich der Wald, der Blick ins Tal verrät, warum Ludwig II. sein Märchenschloss hier bauen musste. Nun führt der Weg stetig in weiten Schleifen im Wald bergan. Nach 50 Minuten Gesamtgehzeit legt man den letzten Teil der Strecke in einem kleinen Taleinschnitt zurück. Wenn man die Brücke sieht, die über den Bach führt, sind es nur noch ein paar Schritte zur Drehhütte.

Rasante Abfahrt unter der Drehhütte

Abfahrt Bei der Abfahrt sollte man sich stets bewusst sein, dass der Pferdeschlitten jederzeit entgegenkommen kann. Das erste Stück ist übersichtlich, zügig kann man hier mit dem Schlitten hinuntersausen; nach etwa einem Drittel der Abfahrt gibt es ein kurzes flacheres Stück, auf dem man je nach Schneeverhältnissen den Rodel ziehen muss. Das letzte Stück wartet mit einigen Haarnadelkurven auf; rufen Sie vor den unübersichtlichen Kurven laut, damit Fußgänger Zeit zum Reagieren haben. Vor dem Parkplatz noch eine kurze Zielgerade.

TIPP Wer statt seiner ein paar Haflinger schwitzen lassen will, kann sich in eine große Decke eingewickelt auf dem Pferdeschlitten vom Parkplatz zur Hütte hinaufziehen lassen und dabei die Landschaft genießen. Dieser Service kostet etwa 10,– Euro pro Person. Sicherheitshalber in der Drehhütte anrufen.

Die **Drehhütte** (1250 m) wird von Familie Müller (Tel. 08362/85 85; Internet www.drehhuette.de) bewirtschaftet, die es selbst im größten Trubel noch schafft, Gemütlichkeit zu verbreiten. Und voll kann die Hütte werden, besonders an Wochenenden! Hirsch und Gams stehen auf der Speisekarte, Selbstgeräuchertes und Schafsalami. Übernachtungsmöglichkeit gibt es keine. Geöffnet ist täglich außer Montag, Heiligabend und Silvester.

2 Hornbahn – Bad Hindelang

Die Hornbahn ist inzwischen vom Geheimtipp zum Fixstern aller Downhiller avanciert. Im Sommer erschließt sie nämlich Mountainbike Downhill Trails und im Winter sind es gleich drei Rodelbahnen, die man unter die Kufen nehmen kann. Hier kann man problemlos einen ganzen Tag verbringen und mehrfach auf den drei unterschiedlichen Bahnen abfahren.

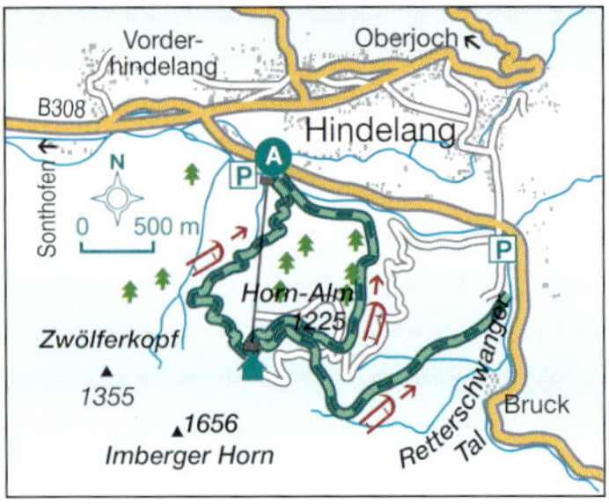

Aufstieg Mit der 8er-Gondel-Hornbahn geht es hoch hinauf, hinein in die Winterlandschaft unterm Imberger Horn (1656 Meter).

Ganz oben liegt der **Gasthof Gletscherspalte**. Vergletschert ist es nicht, aber Bad Hindelang ist ein Schneeloch. Draußen gibt es Winterkälte, drinnen uriges Ambiente und prima Allgäuer Küche.
Tel. 08324/651
Über die rote Bahn erreicht man das **Horncafe**, wo Kuchen und Brotzeiten munden. Tel. 08324/82 49

Abfahrt Es stehen drei 3,5 km lange Rodelbahnen zur Wahl. Eine der Abfahrten, die gelbe nämlich, ist steiler und geeignet für sportliche Rodler, die anderen beiden sind gut für Kinder und Einsteiger geeignet. Die gelbe Bahn geht zackig in scharfen Serpentinen zu Tale, sie ist öfter mal gesperrt: entweder wegen Windverfrachtung oder Lawinengefahr. Hier wird sehr sorg-

Rast an der Hornbahn

fältig abgesprengt. Die rote Bahn führt weit über die Hangschulter Richtung Retterschwangtal, ist landschaftlich sehr schön und meist am ruhigsten. Die blaue Bahn ist konstant befahrbar, weil sie auch beschneit wird. Sie führt durch offenes Gelände im Gipfelbereich und geht weiter durch den Wald.

TIPP Nicht bloß die Hornbahn erschließt Rodelwege, es gibt noch mehr heiße Kurven für Kufenkünstler:

- Vom Berggasthaus Schwarzenberghütte: Mit dem Bus zum Giebelhaus, ca. einstündiger Aufstieg zur Schwarzenberghütte, dort Rodel ausleihen und ab geht's. Der Rodel wird vom Hüttenwirt unten wieder abgeholt.
- Von der Hirschalpe: Aufstieg ab dem Parkplatz an der Jochstraße, auf demselben Weg wieder ins Tal; ebenfalls Rodelverleih.
- Von der Buchelalpe: Aufstieg ab dem Parkplatz Obergschwend bei Unterjoch, auf demselben Weg ins Tal, kein Rodelverleih.

Tourencharakter: Hier steht das Rodeln im Vordergrund und der Berg ist ein kompletter und ausschließlicher Rodelberg, den man auch nur per Lift erobern kann. Es gibt keinen Weg für Fußgänger, die Rodelbahnen sind für den Aufstieg explizit gesperrt!
Offizielle Rodelbahnen

Schwierigkeitsgrad: 2–3 (je nach Bahn)
Ausgangsort: Bad Hindelang
Anfahrt: Über die A 7 bis Ausfahrt Oy, Mittelberg und die landschaftlich schöne Strecke übers Oberjoch; über die B 19 bis Sonthofen, weiter nach Bad Hindelang. Man kann auch mit der Bahn anreisen. Der Bahnhof Sonthofen ist 7 km entfernt, der Urlaubsbus verkehrt im Halb-Stundentakt nach Bad Hindelang.
Einkehren: »Hintrstui« heißt das im Allgäuer Zungenschlag. Dort wo das Allgäu so richtig authentisch ist, gibt's in den Hintersteiner Stuben natürlich auch das, was der Allgäuer liebt. Kässpatza, Krautkrapfa und Co. Im Schlauchen 21, Tel. 08324/81 29, www.hintersteiner-stuben.de
Gesamtdauer: Rodelzeit: 30–40 Minuten, je nachdem, welche Bahn man wählt, hat man noch etwas Gehstrecke zu absolvieren: Blaue Bahn rund 10 Minuten retour; rote Bahn rund 20 Minuten retour; die gelbe Bahn endet an der Talstation.
Länge: 3,5 km
Durchschnittsgefälle: 14%
Rodelverleih: An der Talstation der Hornbahn gibt es 200 Rodel zum Ausleihen. Telefon Bahn: 08324/ 2404, www.hornbahn-hindelang.de
Karte: Topografische Karte Allgäuer Alpen, Maßstab 1:50 000, Bayerisches Landesvermessungsamt München
Fremdenverkehrsamt: Gästeinformation Bad Hindelang, Am Bauernmarkt 1, 87541 Bad Hindelang, Tel. 08324/89 20, Fax. 08324/ 80 55, E-Mail info@hindelang.net, www.bad-hindelang.info

3 Mittag – Immenstadt

Immenstadt, liebevoll »das Städtle« genannt, hat seinen Hausberg und seinen Lift, der quasi im Stadtgebiet startet. Der Mittag hat sich in den letzten Jahren gemausert und ist vom Skiberg zum Funberg inklusive Rodelbahn geworden.

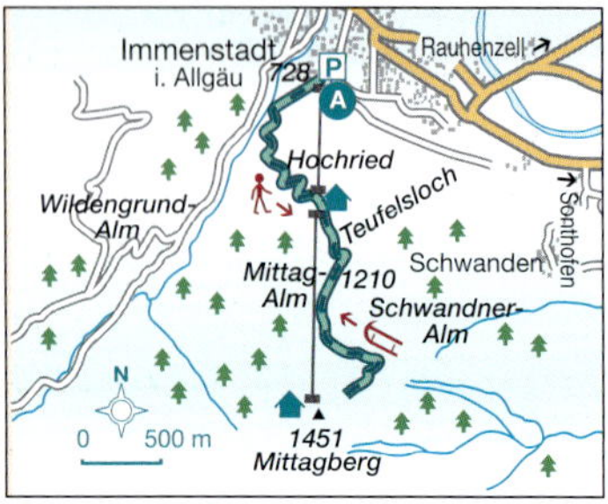

Aufstieg Die Mittagbahn schwebt in zwei Sektionen hinauf auf 1452 Meter. Der Aufstieg zu Fuß erfolgt über die Rodelbahn (bitte am Rand bleiben), die stets gespurt wird. Vom Tal bis zur Mittelstation braucht man eine Stunde, von der Mittelstation bis zur Bergstation eine weitere Stunde. Ein wichtiger Hinweis geht an alle Rodler, die abends noch auf den Mittag wollen: Zwischen Mittelstation und Bergstation ist ab 16.30 Uhr Vorsicht geboten, weil die Windenmaschine in den Steilhängen der Skipiste unterhalb der Gipfelstation unterwegs ist. Es besteht absolute Lebensgefahr (Stahlseil) im gesamten Gipfelbereich! Das heißt: Anstieg und Abfahrt nur über die Rodelbahn und vorher immer Rücksprache nehmen.

Tourencharakter: Sozusagen eine zweigeteilte Bahn: Anspruchsvoll im oberen Teil, eher sanft ab der Mittelstation. Hier ist man auf Rodler bestens eingestellt.
Offizielle Rodelbahn

Schwierigkeitsgrad: 2–3 Bergstation bis Mittelstation, 1 Mittelstation bis ins Tal
Ausgangsort: Immenstadt im Allgäu, Talstation der Mittagbahn, der Beschilderung Mittag folgen
Anfahrt: Auf der B 19 bis Immenstadt. Mit der Bahn: Allgäu-Schwaben-Takt stündlich, vom Bahnhof ist der Mittag in circa 10 Minuten zu erreichen.
Einkehren: Das Interieur im Lustigen Hirsch ist einfach genial, witzig, verspielt, mal kitschig, mal schräg. Diese Gaststätte muss man gesehen haben! Das Essen ist ebenfalls lecker, die Herausforderung ist der »Scharfe Hirsch«, ein Hirschrückensteak im Pfefferkleid. Immenstadt-Akams, Tel. 08323/4915, www.lustiger-hirsch.de
Gesamtdauer: 30–40 Minuten
Länge: 5,2 km
Durchschnittsgefälle: 15%
Rodelverleih: Rodelverleih an der Talstation
Karte: Topografische Karte Allgäuer Alpen, Maßstab 1:50000, Bayerisches Landesvermessungsamt München
Fremdenverkehrsamt: Stadt Immenstadt i. Allgäu, Kirchplatz 7, D-87509 Immenstadt, Tel. 08323/9140, Fax 08323/91428128, E-Mail info@immenstadt.de, www.immenstadt.de

»Aufwärmtraining« am Mittag

Abfahrt 50 Meter von der Bergstation entfernt beginnt die Bahn, die vom Mittaggipfel zur Mittelstation führt und in dem Bereich durchaus anspruchsvoll ist: Steilstücke und heiße Kurven. Ab der Mittelstation geht es sanft weiter über die Untere Steig nach Immenstadt.

TIPP Das Snowbike ist ein heißes Gefährt, aber schon nach kurzer Zeit, unter Anleitung eines geprüften ÖSBLV Snowbiketrainer, hat man die Fahrtechnik und das Liftfahren raus. Mit dem Bike kann man richtiggehend carven, dank der Federsysteme vorn und hinten werden die Gelenke geschont und es entsteht kaum eine Belastung für Knie, Oberschenkel und Wirbelsäule. Immer Sa und So gibt es einen Workshop von 4–5 Stunden. Wer den absolviert hat, kann sich dann auch jederzeit ein Snowbike mieten. Tel. 08323/61 49, www.mittagbahn.de

Die **Gipfelhütte** hat ein unglaublich schönes Panorama zu bieten und dazu auch eine zünftige Brotzeit und von Zeit zu Zeit die legendären Kässpatzn-Essen.
Tel. 08323/355.
An der Mittelstation liegt das **Rasthaus am Mittag** Tel. 08323/87 90

Rodelparkplatz

4 Ratholz – Alpsee (Ganzjahresbahn)

Der Alpsee-Skizirkus existiert seit 1969, und er war neben dem Grünten einer der Klassiker für Skikurse und Schulskitage aller Allgäuer Kids. Seit August 2006 sind neue Zeiten angebrochen: Der Alpsee Skizirkus heißt nun Alpsee Bergwelt mit einer deutschlandweit einzigartigen Rodelbahn, einem spacigen Alpin Coaster.

Aufstieg Im Prinzip ist offiziell die Fahrt mit dem ebenfalls sanierten Lift vorgesehen. Winterwanderer können den Forstweg zur Bärenfalle nehmen, eine inoffizielle und ziemlich steile Variante von 3,6 km.

Abfahrt Nur auf der Alpin-Coaster-Strecke

Rodeln mal anders: Die rasante Abfahrt mit dem Alpin-Coaster ist im Sommer und Winter möglich.

Die **Bärenfalle** ist eine Allgäuer Lieblingshütte und einfach ein Muss! Hier munden Allgäuer Brotzeiten mit Käse, der von den umliegenden Sennereien stammt und aus garantiert Silofreier Milch ist. Immer freitags gibt es eine Schneeschuhwanderung unter Fackelschein und anschließend die legendären Allgäuer Kässpatzn.
Tel. 08325/3 89 oder 0170/1 80 45 40

Rodelpause abseits des Trubels

Tourencharakter: Eine Ganzjahresbahn der Superlative, die weit über das übliche einer fixen Bahn hinausgeht. Daten: Höchstgeschwindigkeit: 40 Km/h; 68 Kurven; 23 Wellen; 7 Jumps; 4 Brücken über Wege, Tobel und Bäche – davon eine Großbrücke; Offizielle Ganzjahresbahn

Ausgangsort: Ratholz zwischen Immenstadt und Oberstdorf
Anfahrt: über die A 7 zum Dreieck Allgäu, Richtung Lindau, Ausfahrt Waltenhofen, weiter Richtung Oberstorf, Immenstadt; über die B 19 bis Immenstadt und weiter Richtung Oberstaufen; Anlage nach wenigen Kilometern. Mit dem Zug: Der Allgäu-Schwaben-Takt erschließt das Allgäu stündlich, von Immenstadt gibt es Busse, Daten über Fremdenverkehrsamt.
Einkehren: Jägerhaus gegenüber der Talstation, Tel. 08325/225.
Gesamtdauer: 10–12 Minuten
Länge: 3 km
Durchschnittsgefälle: Durchschnittsgefälle: 12,5%; maximales Gefälle: 29,5%
Rodelverleih: 100 Spezialrodel; Tel. 08325/252, www.alpsee-bergwelt.de
Karte: Topografische Karte Allgäuer Alpen, Maßstab 1:50 000, Bayerisches Landesvermessungsamt München
Fremdenverkehrsamt: Stadt Immenstadt i. Allgäu, Kirchplatz 7, D-87509 Immenstadt, Tel. 08323/91 40, E-Mail info@immenstadt.de; www.immenstadt.de

5 Breitenberg – Pfronten

Erdkundelehrer und Geografieprofessoren müssen auf dem 1838 Meter hohen Breitenberg einfach in Verzückung geraten: Einen solchen Aussichtspunkt mit Blick auf die Alpen gibt es nur einmal. Und wie sich da die Gebirgsketten hintereinander aufbauen – das verleiht der trockenen Unterrichtssaussage, die Alpen seien ein Faltengebirge, unendliche Schönheit.

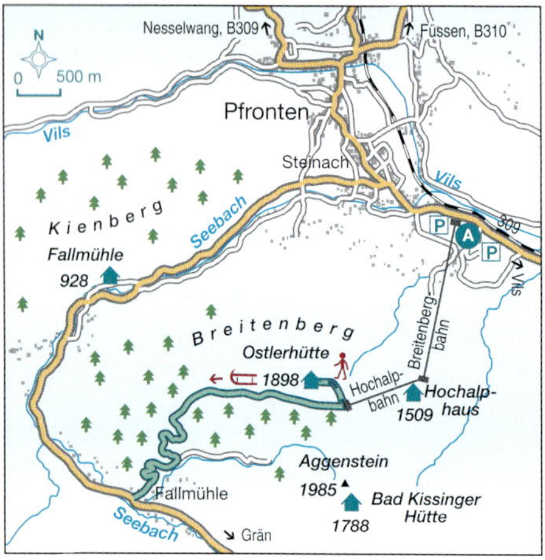

Aufstieg Südseite Man startet von der Achstraße, die von Pfronten ins Tannheimer Tal führt, direkt beim Parkplatz »Altes Zollhaus« und folgt von dort der Beschilderung Ostlerhütte. Ein Forstweg, der zugleich auch unsere Rodelstrecke darstellt, zieht sich in weiten Kurven durch den Wald. Bis zur Hütte sind es 800 Höhenmeter.

Aufstieg Nordseite Die bequeme Variante ist es, die Gondel und dann den neuen Vierersessel zu nehmen. Von der Bergstation der Sesselbahn sind es nur noch 30 Minuten zum Gipfel.

5

Abfahrt Die Abfahrt geht erst einmal aussichtsreich über freies Gelände von der Hütte bis zur Bergstation des Sessellifts, dann recht sanft Richtung Südwesten und in weiten Kurven durch den Wald sieben Kilometer hinunter ins Achtal.

TIPP Herkömmliche Rodel sind am Breitenberg ein alter Hut. Hier sliden gar merkwürdige Gefährte durch die Kurven. Das sind Stiga Bobs, schwedische Lenkschlitten, rechts und links ein Plastikski, mittig ein Sitz und vorne noch ein kurzer Ski, der mit einem Lenkrad verbunden ist. Diese Schlitten laufen sehr gut, vor allem im weichen Schnee, wo der gute alte Rodel gerne mal versackt. Der sympathische und versierte Bergführer Toni Freudig bietet die Touren an, inklusive Lift, Gerätmiete, Fahrtechnik, Transfer aus dem Achtal: Tel. 08363/53 64, www.freudig.de.

Die **Ostlerhütte** wird wegen des freigiebigen Wirts gerne mal zu »Obstlerhütte« verballhornt. Vor der Terrasse breitet sich jenes einzigartige Panorama aus. Wer vor lauter Panorama den Heimweg vergisst, die Hütte hat auch Zimmer! Tel. 08363/424

Tourencharakter: Der Aufstieg zur Ostlerhütte ist eine ausgewachsene Wintertour auf einem nicht geräumten Forstweg. Durch Tourengeher (auf diese bitte achten!), Rodler und Fahrten des Hüttenwirts ist der Weg meist »planiert«, nach starken Schneefällen nicht zu empfehlen, bei wenig Schnee empfiehlt es sich auch , mit der Ostlerhütte Rücksprache zu nehmen.
Keine offizielle Rodelbahn

Schwierigkeitsgrad: 2–3
Ausgangsort: Pfronten
Anfahrt: Über die A 7 bis Autobahn-Ende, weiter über Nesselwang nach Pfronten oder von Füssen kommend am Weißensee vorbei nach Pfronten. In Pfronten-Steinach ist der Bahnhof; Pfronten wird stündlich angefahren. Erlebnisreich ist eine Fahrt mit der Außerfernbahn, die von Garmisch durchs Tiroler Außerfern nach Reutte und weiter nach Kempten fährt.
Einkehren: Im Braugasthof Falkenstein mitten in Pfronten-Ried gibt es Deftiges und hausgebraute Biere. Zu jeder Tageszeit eine gute Adresse! Tel. 08363/96 06 58, www.brauereigasthof-falkenstein.de
Gesamtdauer: Gute 2 Stunden Aufstieg, Abfahrt 30–40 Minuten
Länge: 7 km
Durchschnittsgefälle: 16%
Rodelverleih: Bei Sport Kolb, Pfronten Ried (neben Haus des Gastes) kann man Rodel leihen.Tel. 08363/921 30, www.sport-kolb.de
Im Skizentrum Steinach gibt es eine Snowtubing Bahn: Info&Verleih über die Skilift-Kasse: Tel. 08363/88 49
Karte: Topgrafische Karte Allgäuer Alpen, Maßstab 1:50 000, Bayerisches Landesvermessungsamt München
Fremdenverkehrsamt: Pfronten Tourismus, Vilstalstraße 2, 87459 Pfronten, Tel. 08363/698 88, Fax 08363/698 66, E-Mail info@pfronten.de, www.pfronten.de

Das grandiose Panorama am Breitenberg

6 Alpspitze – Nesselwang

Nesselwang, das hübsche Dorf und seine Berge, waren immer schon Seelenangelegenheit aller Allgäuer. Generationen von Kids haben hier das Skifahren gelernt. Bisher war der alte Einersessel eine arge Geduldsprobe, aber nun hat der Kult-Berg aufgerüstet mit Deutschlands erster Kombi-Bahn. In ein und derselben Bahn befördern Achter-Gondeln und Vierer-Sessel die Wintersportler Richtung Alpspitze. Der Vorteil liegt auf der Hand: Skifahrer nehmen den Sessel, Rodler die Gondel.

Aufstieg Mit der neuen Kombibahn geht es bis zur Mittelstation. Von dort muss man bis zur vierten Liftstütze des Gipfellifts aufsteigen und hier beginnt dann die »alte« Rodelbahn. Direkt an der Mittelstation beginnt die »neue« Bahn. Einen Winterwanderweg gibt es nicht!

Abfahrt Alte Bahn: Zuerst marschiert man noch ein Stück an der Hangschulter flach dahin, bis es so richtig losgeht, in weiten Kurven

Tourencharakter: Die »alte« Bahn ist ein Klassiker, der sanft beginnt und dann recht gut und durchgängig läuft. Sie ist die ruhigere und richtet sich eher an die, die nur ein- oder zweimal rodeln wollen. Die »neue« Bahn, etwas mehr in der Direttissima, erfreut die, die öfter am Tag rodeln wollen und die Fans von Nachtrodelbahnen.
Offizielle Rodelbahn

Schwierigkeitsgrad: 2
Ausgangsort: Nesselwang, Talstation Alpspitzbahn
Anfahrt: über die A 7 bis zum Autobahnende, Beschilderung Nesselwang, dort bis zur Hauptstraße, rechts halten und der Beschilderung Alpspitzbahn folgen. Vom Bahnhof Nesselwang, bis zur Alpspitzbahn geht man ca. 15 Minuten. Erlebnisreich ist eine Fahrt mit der Außerfernbahn von Garmisch durchs Tiroler Außerfern ins Allgäu
Einkehren: Die Postbrauerei Nesselwang serviert Allgäuer Schmankerl und feine Regionalküche. Beliebte Brauereiführung mit Bierprobe. Tel. 08361/30910, www.hotel-post-nesselwang.de
Gesamtdauer: 30 Minuten alte Bahn, 15 Minuten neue Bahn
Länge: 4 km alte Bahn; 2,5 km neue Bahn
Durchschnittsgefälle: 13%
Rodelverleih: Rodel gibt es im Après-Zelt an der Talstation, Tel. Bahn: 08361/1270, www.alpspitzbahn.de
Karte: Topografische Karte Kempten und Umgebung, Maßstab 1:50000, Bayerisches Landesvermessungsamt München
Fremdenverkehrsamt: Tourist Information, Lindenstr.16, 87484 Nesselwang, Tel. 08361/923040, Fax 08361/923044, E-Mail info@nesselwang.de, www.nesselwang.de

Die »Gang« macht sich bereit…

durch den Wald. Die Fahrt endet am Babylift am Rand des Skigebiets. Neue Bahn: Die zweite Bahn ab Mittelstation folgt der Skipiste und ist nachts von 18–21 Uhr beleuchtet.

TIPP In Nesselwang gab es einstmals fünf Brauereien, Bier regierte den Ort. Selbst die wunderbaren Eiszapfen haben eine Querverbindung zum Bierbrauen. Unweit der Post-Brauerei steht in der Maria Trost Allee ein merkwürdiges Balkengerüst, ebenfalls voller Eiszapfen. Eine Eiszapfenzucht, sozusagen, um die Lagerkeller sommers kühl zu halten. Die findigen Brauer bauten solche Gerüste, besprenkelten sie unentwegt mit Wasser, auf dass es gefrieren möge und möglichst viele Eiszapfen hervorbringe. Die wurden dann abgeschlagen und auf langen Holzrutschen in die Keller verfrachtet. Das Eisgerüst ist Teil des Brauereiwanderwegs durch Nesselwang, und auch wenn man nicht alle Stationen wie im Sommer besichtigen kann, ist dieses ein prima Weg, das hübsche Allgäu-dorf kennen zu lernen. Die Broschüre »Brauereiwanderung durch Nesselwang – Es braut sich was Gutes zusammen«, ist beim Tourismusbüro erhältlich.

Das **Sportheim Böck** liegt unweit der Bergstation der Alpspitzbahn (von dort keine Rodelbahn!). Die Panoramaterrasse bietet einen wunderbaren Blick. Tel. 08361/31 11.
Das **Enzianstüble** liegt direkt bei der Mittelstation, am Beginn beider Bahnen. Hier gibt es Getränke und Brotzeiten.

7 Buchenberg – Buching

Das Ostallgäu liegt immer ein bisschen im Schatten der großen Oberallgäuer Orte, sei es Oberstaufen mit seiner Schrothkur oder das Wintersportmekka Oberstdorf. Aber im Verborgenen lebt es sich ruhig und charmant, so wie im Fall von Buching, das – eingebettet in eine anmutige Landschaft – dem Rodler auf dem Buchenberg zu Füßen liegt.

Aufstieg Die Doppelsesselbahn bringt einen hinauf auf 1140 Meter ins Naturschutzgebiet »Ammergebirge«. Wer es lieber sportlicher mag: Von den vier Sommer-Wegen auf den Buchenberg ist einer im Winter geräumt. Er beginnt 300 Meter von der Talstation entfernt und ist mit dem Hinweis »Buchenberg Alm« beschildert.

Abfahrt Die Abfahrt verläuft parallel zur Skiabfahrt und wurde extra auf circa 3 Meter Breite abgesteckt. Die Bahn gefällt auch Nachteulen, denn sie ist bis 22 Uhr beleuchtet.

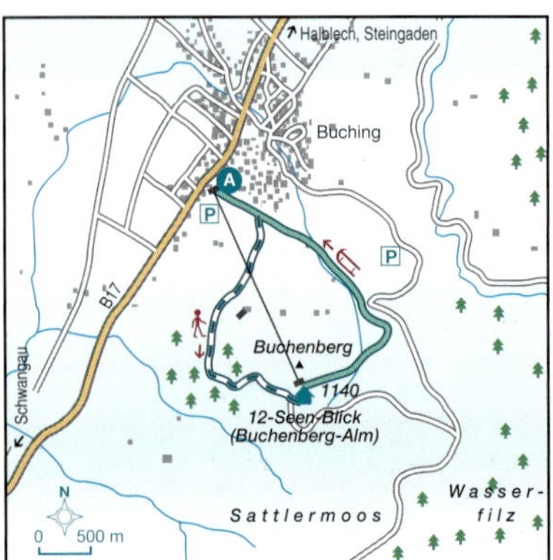

TIPP Wer die Rodeltour mit etwas Kultur verbinden will, sollte auf jeden Fall einen Abstecher ins benachbarte Hohenschwangau machen und die Königsschlösser Hohenschwangau und Neuschwanstein besichtigen.
Öffnungszeiten vom 1. Oktober bis 31. März: jeweils Mo.–So. 10–16 Uhr.

Die **Buchenberg Alm** hat eine intime Zirbelstube und eine große Gaststube – und Allgäuer Küche ist die Passion der Wirtsleute. Tel. 08368/94 07 63

Die Sonnenterrasse der Buchenberg Alm

Tourencharakter: Man kann den hilfreichen Lift nehmen oder hinaufwandern, Rodeln ist in Buching auf jeden Fall gleichberechtigt neben Ski&Board. Die Bahn ist abgetrennt und präpariert.
Offizielle Rodelbahn

Schwierigkeitsgrad: 1–2
Ausgangsort: Buching, Talstation der Buchenbergbahn
Anfahrt: Von Norden kommend (Augsburg/Landsberg) über die B 17 Richtung Füssen, am Ortsende von Buching links zur Talstation
Einkehren: In einem ehemaligen Wirtschaftstrakt des Steingadener Klosters liegt »Schöneggers Klosterbräustüberl«. In gemütlichen Gewölbekellern gibt es alles rund um den Käse von der eigenen Käsealm. Welfenstraße 10; Tel. 08862/278 www.klosterbraeustueberl.de
Gesamtdauer: Aufstieg circa 1,5–2 Stunden, 20 Minuten Abfahrt
Länge: 2,5 km
Durchschnittsgefälle: 10%
Rodelverleih: an der Talstation der Buchenbergbahn oder oben auf der Buchenbergalm, Tel. Bahn, 08368/912 50
Karte: Topografische Karte Werdenfelser Land, Maßstab 1:50 000, Bayerisches Landesvermessungsamt München
Fremdeverkehrsamt: Gästeinformation Halblech, Bergstraße 2a, Buching, 87642 Halblech, Tel. 0 83 68/285, oder 0 83 68/92 22 22 E-Mail info@halblech.de, www.halblech.de

8 Hochimst – Imst

Hochimst ist die Beletage des Tiroler Städtchens Imst, eine Sommerfrische in luftiger Höhe und ein Winteridyll, das verblüfft: Da mag im Gurgltal kaum Schnee liegen, in Hochimst auf 1000 Metern ist tiefer Winter.

Aufstieg Man nimmt entweder die Sesselbahn hinauf zur Untermarkter Alm oder folgt dem Verlauf der Rodelbahn.

Abfahrt Die Strecke beginnt sehr sanft an der kleinen Kapelle und geht dann in den Wald, wo die Bahn mit recht gleichmäßiger Neigung in weiten Kurven bis zur Talstation führt. Ein Unikum: Diese Naturrodelbahn ist Mi/Fr/Sa beleuchtet und zwar bis 2 Uhr, manchmal sogar die ganze Nacht hindurch (Liftbetrieb von 18.30–21.30 Uhr). Dann hat nämlich der Letzte, der bekanntlich das Licht auszuschalten hat, selbiges vergessen. Der Rodelbahn wurde zudem das Gütesiegel des Tiroler Rodelverbandes verliehen.

An der Untermarkter Alm

Die **Untermarkter Alm** auf 1488 Metern ist eine aus dem Hütten-Bilderbuch. Drinnen lodert der offene Kamin, die Kaspressknödel-Suppe schmeckt legendär, der Glühwein auch. Hüttenwirtin Helga Geson stammt ursprünglich aus Düsseldorf, ihr Mann Ernst aus Imst – ein kongeniales Team. Die Hütte hat auch Lager zum Übernachten, HP für Hausgäste 30 Euro, Tel. 043/5412/631 13.

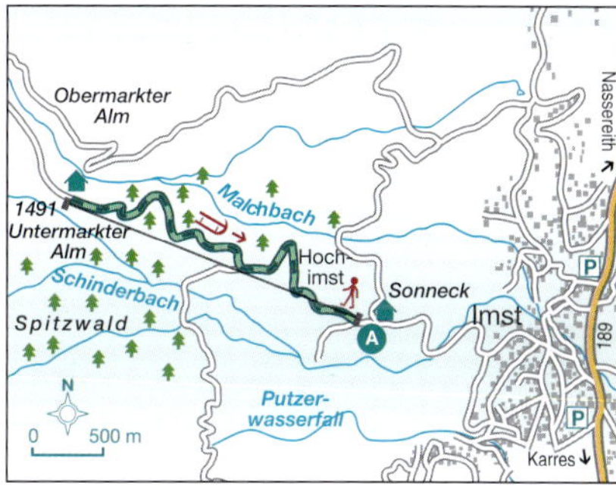

TIPP Auf 1750 Metern liegt die urige Latschenhütte (Tipp: Hüttenomelett). Man erreicht sie mit dem Lift zur Untermarkter Alm und dann über einen circa 25-minütigen Spaziergang. Die Natur Rodelbahn ist herrliche sechs Kilometer lang, man nimmt am besten eine Stirnlampe mit. Sie endet in Imst nahe der Pfarr-kirche, d. h. man müsste ein zweites Auto dort platzieren oder einen Fahrdienst arrangieren. Tel. Hütte 0043/664/985 94 24, Mo Ruhetag, Mondscheinrodeln mit Hüttenzauber am Mittwoch, Freitag, Samstag.

Tourencharakter: Die Bahn ist sehr beliebt bei Gästen, wird aber vor allem auch von sportlich engagierten einheimischen Rodlern und Clubs genutzt. Diese kommen hauptsächlich abends nach der Arbeit und sind weniger begeistert, wenn Wanderer die Bahn blockieren, also bitte wirklich am Rand gehen.
Offizielle Rodelbahn

Schwierigkeitsgrad: 2
Ausgangsort: Hochimst oberhalb von Imst, Talstation der Imster Bergbahnen
Anfahrt: Über die A 7 nach Füssen, weiter über Reutte und Fernpass nach Imst oder über die A 95 nach Garmisch weiter zum Fernpass oder über Inntalautobahn, Ausfahrt Imst, Pitztal, Fernpass
Einkehren: Im Hotel Sonne in Imst gibt's Tirolerisches fein interpretiert. Die Sonne liegt mitten im Zentrum von Imst und ist auch ein guter Anlass, mal durch das Städtchen zu schlendern. Tel. 0043/5412/672 92, www.sonne-imst.at

Gesamtdauer: 1,5–2 Stunden bei Aufstieg, 30–40 Minuten Lift und Rodeln
Länge: 4 km
Durchschnittsgefälle: 12%
Rodelverleih: Alle drei Sportgeschäfte an der Talstation verleihen Rodel, Tel. Bahn, 0043/5412/663 22, www.imster-bergbahnen.at
Karte: Kompass-Karte Nr. 35, Imst-Telfs-Kühtai, Maßstab 1:50 000
Fremdenverkehrsamt: Tourimusverband Gurgltal-Imst, Johannesplatz 4, A-6460 Imst, Tel. 0043/5412/691 00, Fax 0043/5412/691 08, E-Mail info@imst.at, www.imst.at

9 Krinnenspitze – Nesselwängle im Tannheimer Tal

Füssener Jöchle und Neuner Köpfle, das sind die bekannten Skiberge im schmucken Tannheimer Tal. Der breite Talboden ist auf rund 1100 Metern gelegen. Es ist ein weites Tal, eins fürs Auge, keine enge Klamm. Aber dahinter zeigt es die Zähne, kühne Felszacken nämlich. Die Tannheimer Berge bestehen aus Wettersteinkalk und dieser verwittert zu bizarren Formen. Das Massiv der Roten Flüh ist das beste Beispiel.

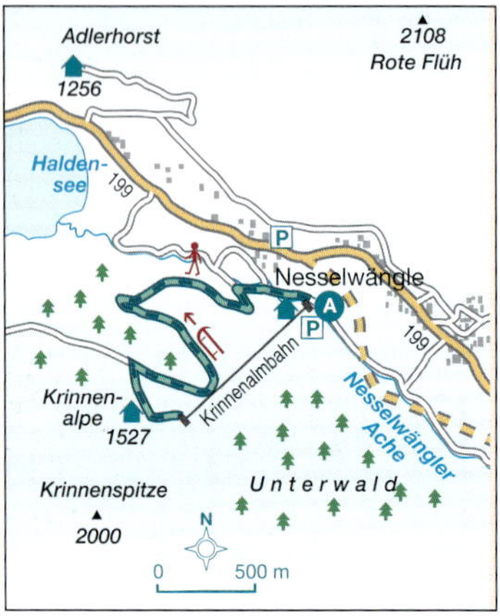

Die **Krinnenalpe** ist ein beliebter Ausgangspunkt/Zwischenstopp für Tourengeher. Auf der Hütte bei Hüttenwirt Martin herrscht eine sportliche und »griabige« Atmosphäre. Es gibt auch Übernachtungsmöglichkeiten, Tel. 0043/5675/81 89

Tourencharakter: In Nesselwängle erschließen die Lifte unter der Krinnenspitze eine Bahn, die immer noch Insider-Status hat, weil wenige sie kennen, dabei ist sie wirklich vergnüglich. Sie quert ein paar Mal die Skipiste (Vorsicht!), ist aber sonst eine zügige Bahn.
Offizielle Rodelbahn

Schwierigkeitsgrad: 2
Ausgangsort: Nesselwängle, Liftanlagen Krinnenspitze
Anfahrt: über Garmisch, Lermoos, Reutte, Gaichtpass ins Tannheimer Tal; oder über Linderhof und den Plansee nach Reutte; oder über Füssen/Vils/Reutte; oder über Füssen nach Pfronten, im Ortsteil Steinach gehts durchs Achtal ins Tannheimertal; über den Gaichtpass kommend, ist Nesselwängle der erste Ort, die Liftanlagen liegen links der Straße und sind beschildert
Einkehren: Der Öfner in Innergschwend ist sehr zu empfehlen, Tel. 0043/5675/68 52
Gesamtdauer: 1,5–2 Stunden bei Aufstieg, 30–40 Minuten Lift und Rodeln
Länge 3,5 km
Durchschnittsgefälle: 13%
Rodelverleih: Gute Leihrodel gibt's bei Sport Rief an der Talstation; für Rodler bietet die Bahn eine 5er-Karte an, Tel. Bahn: Telefon: 0043/5675/82 50
Karte: Kompass-Karte Nr. 4, Füssen-Ausserfern, Maßstab 1:50 000
Fremdenverkehrsamt: Tourismusbüro Nesselwängle, A-6672 Nesselwängle, Tel. 0043/5675/82 71, E-Mail nesselw@netway.at, www.tannheim.com

Aufstieg Man nimmt den Sessellift oder steigt über die Rodelbahn auf.

Ein wenig steiler wird die Abfahrt noch...

Abfahrt Die Naturrodelbahn führt ab der Bergstation den Forstweg entlang bis hinunter zur Talstation des Doppelsesselbahn. Sie quert ab und zu die Piste, dann folgt eine Passage weit über die Hangschulter nach Westen, den Haldensee zu Füßen. Man sollte ja eigentlich jetzt anhalten und den Blick genießen, aber der engagierte Rodler will die Spur halten und die Ideallinie finden. Und dann kommt der letzte Hang. Man hat Liftstation und Sportgeschäft bereits im Blick und gut zu tun, nicht nach links abzudriften, weil der »Zielhang« ziemlich nach links hängt.

TIPP Das »Stofferhaus« in Kienzen 7 (geöffnet Mi 13.30–16.30 Uhr, Eintritt frei) ist ein Heimatmuseum und erzählt von einer beschwerlichen Zeit. Im 17. Jahrhundert zogen die Stukkateure aus dem Tal durch ganz Europa, die Bilgeris beispielsweise arbeiteten am Belvedere in Wien. Am schönsten sind hier die alten Fotografien.

10 Brettlalm – Lermoos

Die Tiroler Seite der Zugspitze ist eine feine Sache. Abwechslungsreiche Skigebiete, je nach Geschmack umtriebige oder ruhige Orte. Lebensader ist die wieder belebte Außerfernbahn, die die Orte verbindet und allmählich in die Riege der Kult-Eisenbahnen aufsteigt.

Aufstieg Man nimmt die Gondelbahn im Skigebiet Grubigstein oder den neuen Sessellift, einen Winterwanderweg gibt es nicht.

Abfahrt Bisher fuhr man mit der Gondelbahn hinauf, rodelte ab Brettlalm in weiten Serpentinen auf dem Sommerfahrweg bis zum Hotel Drei Mohren und hatte dann einen Fußweg von 15 Minuten retour zur Gondelbahn. Das kann man immer noch tun oder aber man nimmt den neuen Sessellift ab dem NTC, der nun auch bis zur Brettlalm geht. Die Rodelbahn wurde in der letzten Kurve zusätzlich leicht modifiziert, sodass sie direkt wieder an der Talstation des Sessellifts endet und kein Fußweg mehr nötig ist.

TIPP Im Tiroler Zugspitzgebiet gibt es noch mehr Möglichkeiten für Rodelfans:

- Ehrwald: Rodelabende Dienstag und Freitag 18.30 bis 21.30 Uhr. Auffahrt mit der Ehrwalder Almbahn, lustige Rodelpartie und Talabfahrt bei Flutlicht auf der Piste!
- Berwang: Tag- und Nachtrodelbahn vom Jägerhaus ca. 1,5 km nach Berwang. Die Rodelbahn erreichen Sie zu Fuß auf dem Wanderweg zum Jägerhaus. Rodelbus zur Rodelbahn ab 18–24 Uhr! Tel. 05674/82 75.
- Bichlbach: Die 0,5 km-Bahn ist eine leichte Familienrodelbahn gegenüber demBahnhof. Nachtrodeln jeden Mittwoch 17.30–21 Uhr, beleuchteter Rodelhang am Sonnenbichllift.
- Biberwier: Snowtubing im NTC-Park an der Talstation der Marienbergbahn täglich 13–17 Uhr. Nightsession Mi + Sa 19–21.30 Uhr. Zusätzlich gibtes Fun

Nachtrodeln

Die **Brettlalm** (1350 m) ist der Treff an der Mittelstation. Die Hütte ist wohl – bei Selbstbedienung – eher auf den eiligen Skifahrer ausgerichtet und am Nachmittag tobt hier der »Après-Ski-Bär«.
Aber am späten Vormittag ist die Sonnenterrasse noch ein Gedicht. Tel. 0043/5673/2573 oder 2120.

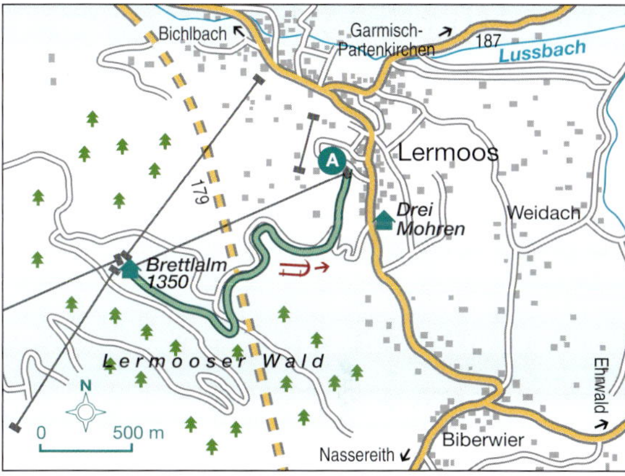

sportgeräte wie Airboard, Snowblades, Snowbikes, Skifox zum testen.

- Heiterwang: 0,5 km, mittelschwer. Beleuchtete Rodelbahn beim Karlift, Nachtrodeln täglich bis 22 Uhr. Rodelverleih dort.
- Lähn-Wängle: 300 m, leicht. Präparierte Rodelbahn, an der Loipe gelegen.

Tourencharakter: Die Rodelbahn am Grubigstein ab der Mittelstation ist eher sanft zu nennen – eine klassische Familienbahn – und ab 11 Uhr zu benutzen. Durch einen leicht veränderten Verlauf der Bahn, den neuen Sechser-Sessellift und das NTC rückt Rodeln mehr ins Blickfeld.
Offizielle Rodelbahn

Schwierigkeitsgrad: 1–2
Ausgangsort: Lermoos
Anfahrt: Über die A 95 nach Garmisch und weiter Richtung Grainau, Grießen, Grobrichtung: Fernpass. An der T-Kreuzung in Ehrwald rechts ab nach Lermoos, Grubigsteinbahn links der Straße; oder über die A7, Füssen, Reutte, Heiterwang, Lermoos, im Zentrum Grubigsteinbahn rechts der Straße. Die Außerfernbahn ist neben dem profanen Transportmittel selbst eine Attraktion. Vom Bahnhof in Lermoos ca. 10 Minuten zum Lift.
Einkehren: Die Krone in Lähn ist sehr zu empfehlen, Tel. 0043/5674/5133 (Montag Ruhetag)

Gesamtdauer: 30–40 Minuten (Lift und Abfahrt)
Länge: 4 km
Durchschnittsgefälle: 12%
Rodelverleih: In allen Sportgeschäften, an der Talstation der neuen Sechser-Sesselbahn im NTC Rodel und andere Spaßgeräte; sonst in allen Sportgeschäften, Tel. Liftgesellschaft 0043/5673/2323
Karte: Kompass-Karte Nr. 5, Wettersteingebirge-Zugspitzgebiet, Maßstab 1:50 000
Fremdenverkehrsamt: Tourismusinfo Lermoos, Unterdorf 15, A- 6631 Lermoos, Tel. 0043/5673/20000300, E-Mail info@lermoos.at, www.lermoos.at

11 Rauthhütte – Leutasch

Seefeld und die Leutasch haben von jeher mehr auf Langläufer und Winterwanderer gesetzt, weniger auf alpine Skifahrer. So ist es kein Wunder, dass auch Rodler auf das schneereiche Plateau abfahren.

Die **Rauthhütte** ist eine wunderbare Berghütte, die 1928 gebaut wurde und seither allen Wirren zum Trotz in Familienhand ist. Hüttenwirte par excellence, die einen Ausgangspunkt für Schneeschuhwanderungen, Skitouren und Rodelspaß geschaffen haben. Neben der Hütte werden sogar Iglus gebaut. Tel. 0043/664/281 56 11

Aufstieg Von der Talstation des Mundelift (außer Betrieb) gibt es einen Forstweg zur Rauthhütte (Hütte beschildert). Der Weg ist öfter wegen Lawinengefahr gesperrt. Man sollte sich über die aktuellen Bedingungen unbedingt vorher erkundigen.

Abfahrt Man kann über den Forstweg rodeln (Vorsicht ist geboten, siehe oben) oder auch über die Piste. Da der Skihang offiziell nicht mehr besteht, spurt der Hüttenwirt eine Aufstiegsspur für Tourengeher und auch für den eigenen Transport. Diese Spuren nutzen Rodler inoffiziell und damit ohne Haftungsanspruch.

TIPP Über weitere Rodelbahnen in der Region informiert der Tourismusverband. Ein witziges Vergnügen ist das Schlauchrodeln beim Brandlift in Scharnitz. Am Abend unter Flutlicht, inklusive Schlauch und Freigetränk. Infos: Tel. 0043/5213/51 19 oder 0043/664/105 59 55

Tourencharakter: Die 470 Höhenmeter Aufstieg sind im Winter schon eine ganz ordentliche Tour. Und die Rodelbahn fordert ebenfalls. Alles in allem ein Wintervergnügen »für echte Rodler«, wie der Hüttenwirt sagt. Inoffizielle Rodelbahn

Schwierigkeitsgrad: 2–3
Ausgangsort: Leutasch, Mundelift
Anreise: über die A 95 nach Garmisch und Richtung Innsbruck, an Mittenwald vorbei, durch Scharnitz und Giessenbach, rechts ab nach Leutasch bis Ortsteil Weidach, dort links ab (Grobrichtung Telfs), Anreise von Süden über die Inntalautobahn, Ausfahrt Telfs Ost, über den Telfser Berg nach Buchen und Leutasch/Moos
Einkehren: Die Ropfer Stubm ist ein uriges Haus weit abseits vom mondänen Seefeld in Buchen gelegen. Tel. 0043/5262/644 90
Gesamtdauer: 1 Stunde Gehzeit
Länge: 3 km
Durchschnittsgefälle: 15%
Rodelverleih: Kein Rodelverleih
Karte: siehe Tour 10
Fremdenverkehrsamt: Tourismusverband Olympiaregion Seefeld, Leutasch-Mösern/Buchen-Reith-Scharnitz-Seefeld, Klosterstr. 43, A-6100 Seefeld, Tel. 0043/5/088 00, Fax 0043/5/08 80 51, E-Mail info@seefeld.at, www.seefeld.at

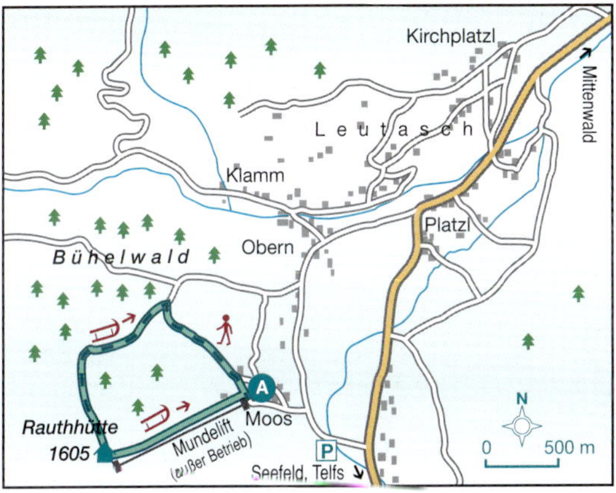

11

An der Rauthhütte

12 Pürschling – Unterammergau

Eine der längsten und der schönsten Rodeltouren in den Bayerischen Alpen führt auf den Pürschling, zum August-Schuster-Haus. Von dort hat man einen herrlichen Blick auf das Zugspitzmassiv. Sonnenanbeter kommen auf der gemütlichen Terrasse auf ihre Kosten. Zur landschaftlichen Schönheit kommt die Schneesicherheit, die diese Tour unter den Rodlern ziemlich beliebt gemacht hat.

Aufstieg Im Ortskern von Unterammergau sieht man bereits Rodelbahn-Schilder, verpasst man diese, fährt man am südlichen Ortsende Richtung Steckenberglifte, an diesen vorbei und parkt auf dem großen Wanderparkplatz. Links des Schleifmühlenbaches führt der Weg zunächst mäßig steil über Almwiesen

Tourencharakter Am Wochenende empfiehlt es sich, früh zum Pürschling aufzubrechen, denn diese Rodelbahn ist längst kein Geheimtipp mehr. Wer sich jedoch antizyklisch verhalten kann, hat durchaus seine Freude. Wegen der Lawinengefahr auf dem Teilstück unter dem Sonnenberggrat lohnt es sich, bei entsprechenden Wetterlagen vor dem Ausflug zu erkunden, ob dieser Abschnitt gesperrt wurde. Anstieg und Rodelbahn befinden sich auf einer gemeinsamen Trasse, deshalb sollte man aufmerksam hochwandern und vorausschauend abfahren.
Offizielle Rodelbahn, meist geräumt.

Schwierigkeitsgrad: 2
Ausgangsort: Unterammergau
Anfahrt: Autobahn A 95 München – Garmisch bis Oberau, rechts Richtung Ettal, an Oberammergau vorbei nach Unterammergau. Mit der Bahn bis Unterammergau, vom Bahnhof 10 Minuten bis zum Wanderparkplatz.
Einkehr: Direkt unterhalb des Wanderparkplatzes befindet sich das Gasthaus Schleifmühle mit Wetzsteinmacherei-Museum, bewirtschaftet von Familie Aurhammer, Tel. 08822/13 23, Ruhetag: Montag; in der Ortsmitte der gutbürgerliche Gasthof Stern, Familie Santl, Tel. 08822/35 85, Ruhetag: Dienstag.
Höhenunterschied: 640 m
Gesamtdauer: Aufstieg 2 Stunden, Abfahrt 15 Minuten
Länge: 5 km
Durchschnittsgefälle: 13 %
Karte: Topografische Karte Werdenfelser Land, Maßstab 1:50 000, Bayerisches Landesvermessungsamt München
Fremdenverkehrsamt: Tourist-Information Oberammergau, (8.30–18 Uhr), 82487 Oberammergau, Tel. 08822/9 23 10, Fax 92 31 90, E-Mail info@oberammergau.de, Internet www.oberammergau.de

und lichten Wäldern bergauf, nach 25 Minuten folgt eine Gabelung, beide Wege führen zu unserem Ziel, rechts geht es gemütlicher, links kräftig bergauf. Nach einer halben Stunde stoßen die beiden Wege in einem flachen Hochtal wieder aufeinander. Nach weiteren 5 Minuten trifft man auf eine Schranke. Ist diese wegen Lawinengefahr geschlossen, ist es sehr zu empfehlen, die Tour abzubrechen! Ist sie offen, folgt jetzt ein steiles, aber schönes Stück Weg an der Hangschulter mit Blick ins Tal, auf den Pürschling und später das August-Schuster-Haus. In diesem Teil ist besondere Vorsicht auf entgegenkommende Rodler geboten. Eine kurze Pause gönnt man sich 20 Minuten später bei der kleinen, liebevoll renovierten Josefskapelle. Kurz darauf quert man den Lawinenhang und erreicht nach nochmals 20 Minuten das August-Schuster-Haus.

Das **August-Schuster-Haus** (1564 m) ist ein herrlich gelegenes Alpenvereinshaus (Telefon 08822/3567; Internet www.dav-bergland.de) mit großer Aussichtsterrasse und Blick auf die Zugspitze und die Ammergauer Berge. Bewirtschaftet wird es von der Familie Spindler. Es bietet 60 Übernachtungsmöglichkeiten in Mehrbettzimmern und Matratzenlagern. Geschlossen ist es im November und nach Ostern jeweils 2–3 Wochen.

Abfahrt Direkt unterhalb der Hütte beginnt die recht sportliche Abfahrt auf zum Teil etwas unübersichtlicher Bahn mit entgegenkommenden Fußgängern. Daher sollte man regelmäßig Warnrufe geben, außerdem reduziert man seine Geschwindigkeit entsprechend. Ist man an der Kapelle vorbei, geht es gleichmäßig steil mit leichten Kurven weiter bis zur Schranke, dort wird es flach und man muss auf einem kurzen Stück den Schlitten ziehen. Bei der Weggabelung nach ca. 200 m ist es nur für geübte Rodler empfehlenswert, den rechten Weg zu nehmen, er ist steil und führt sehr knapp am Bach entlang. Alle anderen ziehen den Rodel nun ein kurzes Stück bergauf, dann geht es teils sanft, teils flach im weiten Bogen um einen Bergkegel herum. Nach 10 Minuten treffen beide Wege wieder aufeinander. Nun geht es im flotten Tempo weiter bis zum Parkplatz.

Das August-Schuster-Haus

TIPP Ein Ausflug zum Schloss Linderhof, dem wohl prunkvollsten aller Königsschlösser König Ludwigs II. lohnt auch im Winter. Öffnungszeiten Oktober bis März 10–16 Uhr; April–September 9–18 Uhr, Do bis 20 Uhr; im Winterhalbjahr sind die Außenattraktionen geschlossen (Maurischer Kiosk, Venusgrotte), Tel. 08822/92030. Das Passionstheater Oberammergau ist ganzjährig zugänglich (im Winterhalbjahr täglich 13–16 Uhr)

13 Hörnle – Bad Kohlgrub

Das »Hearndl«, Kohlgrubs Hausberg, hat eigentlich drei Gipfel und ist die Aussichtskanzel! Die Seen liegen ihm zu Füßen, wie eine Spielzeuglandschaft präsentiert sich das Voralpenland. An klaren Tagen sieht man im Westen die Lechstaustufe bei Schongau und die Wieskirche bei Steingaden vorwitzig aus dem Wald spitzen. Da liegen Starnberger und Staffelsee in der Ebene und München ist fern am Horizont auszumachen.

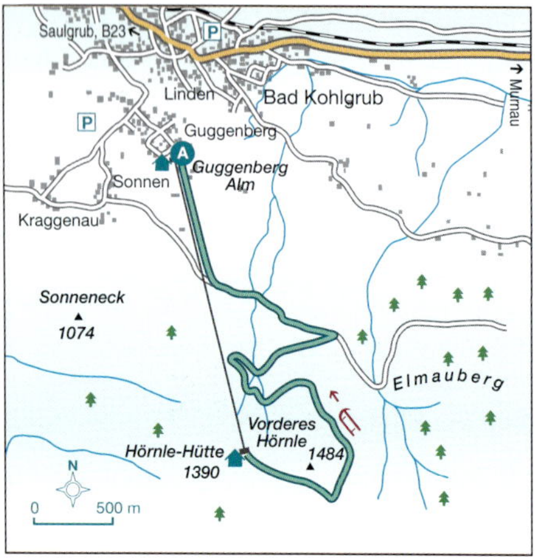

Aufstieg Natürlich mit dem Kultlift: »Bügel öffnen, nach vorne rutschen und einfach ste-hen-blei-ben!«, so ruft der Mitarbeiter oben an der Bergstation. Und wie oft wird ihm geglaubt? Selten – die meisten Fahrgäste der Hörnlebahn rennen doch los, anstatt stehen zu bleiben. Nun ist dieser Lift eben auch ein Unikum. Korrekt bezeichnet, handelt es sich um eine Schwebebahn mit Schwenkdoppelsitzen. Die Idee der Ingenieure um Otto Brda war es, für Gehbehinderte und ältere Menschen einen komfortablen Ausstieg zu schaffen. Die Sitze klappen nämlich wirklich weg – sofern man stehen bleibt auf den gelb aufgemalten Markierungen!

1954 wurde der Lift in Betrieb genommen, damals haben die 15 Arbeiter täglich 14 Stunden gearbeitet und 1,54 DM für die Stunde

Familienabfahrt

erhalten. Damals wie heute schaukelt der Lift geruhsam zu Berge: 20 Minuten dauert die Fahrt auf den kornblumenblauen Holzsitzen. Man kann auch über den Winterweg (beschildert ab Talstation) in 1,5 Stunden aufs Hörnle aufsteigen oder über die Rodelbahn. Sie ist nicht völlig gesperrt, mit Gegenverkehr (Wanderer, Skitourengeher, Jäger mit Auto, Landwirt mit Traktor usw.) ist zu rechnen.

Die **Hörnle Hütte** auf 1390 Metern ist eine DAV-Hütte (Sektion Starnberg) und besticht durch ihre Lage. An schönen Tagen ist sie nicht unbedingt ruhig zu nennen, das Anstehen kann zur Geduldsprobe werden. Früh da sein lohnt sich! Tel. 08845/229

Abfahrt Die Abfahrt beginnt sanft und geht weit Richtung Osten über die Hangschulter, dann aber wird die Bahn durchaus schnell und schafft in weiten Bögen echtes Rodelvergnügen.

TIPP In Bad Kohlgrub gibt es die Gsund&Fit-Karte, ein Büchlein mit Bonpunkten, die man in vielen Hotels und Betrieben einlösen kann. Die Auffahrt aufs Hörnle ist ebenfalls enthalten, auch ein Vital-Menü und diverse Anwendungen von Ajurveda über Moorpackungen bis zum Tepidarium. Auch für den Tagesgast lohnend. Infos und Bezug über den Kurverein.

Tourencharakter: Das Hörnle erlaubt einen erfüllten Wintertag mit Aufstieg, Hütteneinkehr und Rodelabfahrt oder aber auch mehrere Fahrten, wenn man den Lift benutzt. Allerdings braucht das Lift-Unikum 20 Minuten für die Bergfahrt.
Offizielle Rodelbahn

Schwierigkeitsgrad: 2
Ausgangsort: Bad Kohlgrub, Oberes Kurgebiet
Anfahrt: Über die A 95 Ausfahrt Murnau/Kochel, weiter nach Murnau und von dort nach Kohlgrub; über die B 23 bis Saulgrub, dort abbiegen nach Kohlgrub.
Mit der Bahn: Stündlich verkehrt ein Zug von Murnau nach Oberammergau, der in Kohlgrub hält.
Einkehren: Die Guggenberg Alm ist eine wunderbare Wirtschaft unweit der Talstation. Super Küche, »griabig«, Plätze zum die Nase in die Sonne halten – alles, was der oberbayerische Winter braucht. Tel. 08845/75 86 28
Gesamtdauer: 45 Minuten mit der Bahn, 2 Stunden bei Aufstieg
Länge: 4,5 km
Durchschnittsgefälle: 14%
Rodelverleih: Hörnle-Talstation: 40 Rodel; Tel. 08845/592; Ski + Verleih Leonhard Kratz: 14 Rodel; Hauptstr. 13, 82433 Bad Kohlgrub, Tel. 08845/630 oder 0173/572 74 70
Karte: Topografische Karte Werdenfelser Land, Maßstab 1:50 000, Bayerisches Landesvermessungsamt München
Fremdenverkehrsamt: Kur- und Tourist-Information, Bad Kohlgrub, 82433 Bad Kohlgrub, Tel. 08845/742 20, Fax 08845/7422 44, E-Mail info@bad-kohlgrub.de, www.bad-kohlgrub.de

14 Neuner-Alm – Grainau

Ausgesprochen familienfreundlich ist diese Tour, denn der Aufstieg ist kurz und man rodelt auf halbem Weg bereits bergab. Nach der obligatorischen Einkehr in der urigen Neuner-Alm beginnt man frisch gestärkt den Rückweg mit einem Anstieg und rodelt kurz darauf zum Parkplatz zurück.

Aufstieg Der Brandweg in Grainau geht in zwei Kehren über, nach diesen führt der Weg am Waldrand entlang bergauf. Zur rechten Seite genießt man den schönen Blick auf die Kramerspitze. Nach einer knappen Viertelstunde kommt man an einem alten Lifthäuschen vorbei und gelangt dann in den Wald. Man zieht den Schlitten etwa 10 Minuten durch den Hohlweg im abwechslungsreichen Mischwald und stößt dann auf eine Lichtung. Dort beginnt die Abfahrt. Nach 2 Minuten steht man vorm Ziel. Lässt sich auf dem letzten Stück zur Neuner-Alm wegen der Schneelage nicht rodeln, ist man froh, ein

Tourencharakter Die ursprüngliche Rodelbahn führte in Verlängerung des Brandwegs senkrecht nach oben, sie wird jedoch von der Gemeinde seit einem schweren Rodelunfall nicht mehr geräumt. Jetzt weicht man auf die Wirtschaftswege aus und kann in sehr schneesicherem Gebiet auf einsamen Wegen direkt unter der Zugspitze rodeln. Den Schlitten zieht man über eine Anhöhe und saust dann auf ihm hinunter zur Neuner-Alm mit der lustigen Wirtin. Anstieg und Rodelbahn befinden sich auf einer gemeinsamen Trasse, deshalb sollte man aufmerksam hochwandern und vorausschauend abfahren.
Inoffizielle Rodelbahn, nicht unbedingt geräumt.

Schwierigkeitsgrad: 1–2
Anfahrt: Autobahn A 95 München – Garmisch weiter Richtung Grainau, in Grainau etwa 2 km die Zugspitzstraße entlang, dann links in den Brandweg, dort parken. Öffentlich: Mit dem Zug bis Garmisch oder Grainau, dann in den Eibsee-Bus umsteigen, bis zur Haltestelle Hotel Post, die Zugspitzstraße entlang, dann links in den Brandweg, dort ist der Ausgangspunkt.
Ausgangsort: Grainau
Einkehren: Empfehlen kann man in Grainau die Metzgerstub'n, Restaurant Bosna, Tel. 08821/81285, kein Ruhetag.

Höhenunterschied: 220 m (hoch und runter)
Gesamtdauer: Aufstieg 30 Minuten, Abfahrt 10 Minuten
Länge: 1,6 km
Durchschnittsgefälle: 14 %
Rodelverleih: Edi Schönach (Tel. 08821/8948) in Grainau nahe der Kirche
Karte: Topografische Karte Karwendelgebirge, Maßstab 1:50000, Bayerisches Landesvermessungsamt München
Fremdenverkehrsamt: Kurverwaltung Grainau, Parkweg 8, 82491 Grainau, Tel. 08821/981850, Fax 981855, E-Mail info@grainau.de, Internet www.grainau.de

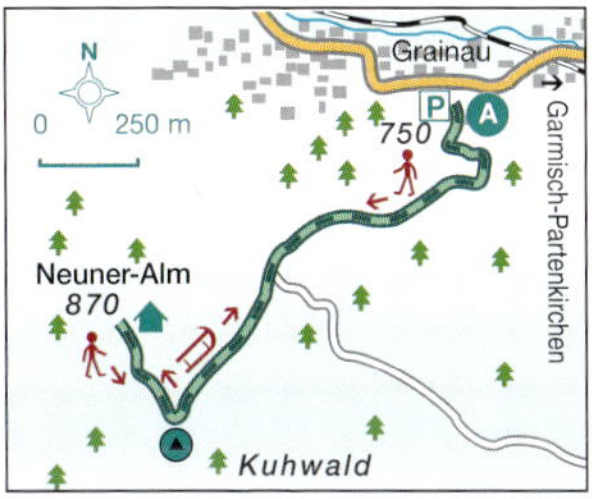

In der **Neuner-Alm** (870 m) gibt es neben gutem Essen auch eine originelle Wirtin, die sich mit Schwung und Humor um die Gäste kümmert und einen musikalischen Wirt. Die Alm ist beliebtes Ausflugsziel für Senioren. Übernachten kann man bei der Familie Biederer nicht (Tel. 08821/8 12 25). Geöffnet ist die Alm täglich außer Donnerstag.

Schloss mitgenommen zu haben um die Schlitten unbesorgt parken zu können.

Abfahrt Zunächst führt der Weg bergauf. Entlang eines Bächleins zieht man auf schmalem Weg den Rodel etwa 10 Minuten zügig hinauf. Bei der Wegkreuzung muss man links gehen und nach ein paar Metern hat der Weg ein ausreichendes Gefälle und man kann gut abfahren. Die Bahn schwingt sich ganz leicht auf dem Hohlweg durch den Wald, ab dem Lifthäuschen wird es flacher. Von hier rodelt man auf breiter Bahn mit gutem Gefälle bergab. Die Bahn endet entweder auf den Kehren oder mit der Rodelbahn, die links abzweigt.

TIPP Ist man nach der Rodelpartie noch nicht ganz ausgelastet, kann man sich im Zugspitzbad (Tel. 08821/98 18-26) mit Sauna, Sole-Whirlpool und Dampfbad austoben. Wer kulturell interessiert ist, kann dem Werdenfelser Museum (Tel. 08821/21 34 und 27 14), Ludwigstr. 47, Garmisch-Partenkirchen, einen Besuch abstatten. Im schönen Haus »Zum Schlamp'n«, einem stattlichen Handels- und Bürgerhaus des 17./18. Jhs., ist das Heimatmuseum untergebracht. Hier findet man ein interessantes Sammelsurium aus bürgerlicher und bäuerlicher Kultur, frühgeschichtliche Bodenfunde, Kunsthandwerk aus Eisen und Holz, historische Fotografien der Zeit um 1900, eine Dokumentation der Erstbesteigung der Zugspitze, Fastnachtsmasken, kirchliche Kunst, Trachten und eine Mittenwalder Geigenbauwerkstatt sowie eine Modellsammlung der Schnitzerschule. Öffnungszeiten: Dezember bis Oktober Di.–Fr. 10–13 Uhr und 15–18 Uhr, Sa. und So. 10–13 Uhr.

Neuner-Alm

15 Grasberg – Garmisch

Die Schönheit und die elementare Wucht der Zugspitze, Deutschlands höchster Erhebung, genießt man besser nicht im Trubel auf dem Zugspitzblatt, sondern auf einem der gegenüberliegenden Aussichtsberge – und was eignet sich besser als der Grasberg mit seiner sonnigen Bergwirtschaft.

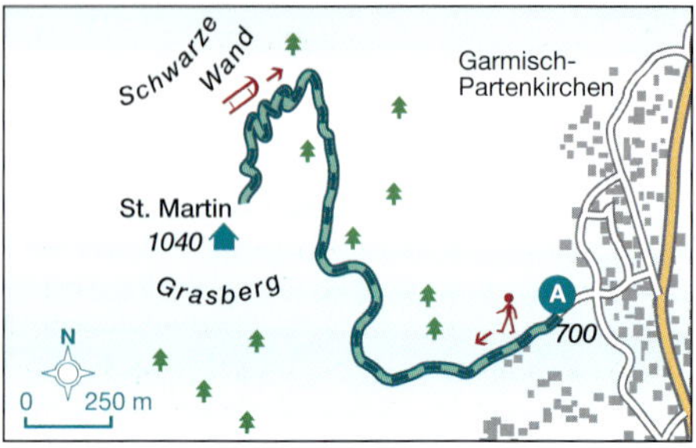

Aufstieg Vom Tor am Bräustüberl führt der Weg mit anständiger Steigung bergan. Bald ist man über den Dächern von Garmisch. Von der Wegkreuzung

Tourencharakter Diese durchaus anspruchsvolle Rodelbahn, liegt an der sonnigen Seite des Garmischer Tales unter dem Kramer. Einerseits kann man hier bei entsprechendem Wetter und den passenden Schneeverhältnissen eine wunderschöne Frühjahrstour machen, andrerseits ist diese Rodelbahn nicht sehr schneesicher und vereist leicht. Sie verläuft recht abwechslungsreich durch Bergwald und Almwiesen, meist mit guter Steigung bis zur Bergwirtschaft St. Martin. Anstieg und Rodelbahn befinden sich auf einer gemeinsamen Trasse, deshalb sollte man aufmerksam hochwandern und vorausschauend abfahren.
Offizielle Rodelbahn, meist geräumt.

Schwierigkeitsgrad: 3
Ausgangsort: Garmisch-Partenkirchen
Anfahrt: Autobahn A 95 München – Garmisch bis Farchant, bei der Abzweigung vor Burgrain rechts Richtung Grainau – Garmisch halten, knapp 3 km danach rechts, dann links zum Friedhof, dort wieder links, die nächste Straße rechts in Richtung Brauerei, dort parken. Mit der Bahn bis Garmisch Bahnhof, umsteigen in Buslinie 3 oder 5 bis Thomas-Knorr-Straße oder mit Buslinie Burgrain bis Loisachbrücke, links Richtung Bräustüberl, daran rechts vorbei Richtung Friedhof, bei der US-Kaserne links Richtung Brauerei, Ausgangspunkt ist der Weg, der links des Brauereigebäudes abzweigt.
Einkehren: Vom Bahnende zur Ortsmitte zum Bräustüberl (Tel. 08821/23 12), dort kann man ganz gemütlich sitzen, essen und trinken.
Höhenunterschied: 340 m
Gesamtdauer: Aufstieg 45 Minuten, Abfahrt 10 Minuten
Länge: 2,5 km
Durchschnittsgefälle: 13 %
Karte: Topografische Karte Karwendelgebirge, Maßstab 1:50 000, Bayerisches Landesvermessungsamt München
Fremdenverkehrsamt: Kurverwaltung Garmisch-Partenkirchen, Richard-Strauss-Platz 1a, 82467 Garmisch-Partenkirchen, Tel. 08821/ 1807 00, Fax 1807 55, E-Mail tourist-info@garmisch.partenkirchen.de, www.garmisch-partenkirchen.de

aus, nach etwa 10 Minuten Fußweg, genießt man eine schöne Aussicht über die Stadt. Hier zweigt der Weg scharf rechts ab, es geht in einer langen Geraden im Fichtenwald bergauf, der Weg wird steiler und man sieht besser nicht in die Luft, sondern achtet auf entgegenkommende Rodler, die es hier wegen der übersichtlichen Schussstrecke nicht an Tempo fehlen lassen. Nach weiteren 5 Minuten folgen kurz hintereinander zwei Kehren. Dann führt der Weg ein gutes Stück mit guter Steigung geradeaus. Jetzt folgen einige Kehren und in der vierten achtet man auf den Baum, der angeblich eine magnetische Anziehungskraft auf trunkene Rodler hat. Nach der letzten, der fünften Kehre wandern wir die letzten Minuten auf relativ flachem Weg zum Ziel. 15

Die **Bergwirtschaft St. Martin** liegt auf 1040 m und ist eine gemütliche Hütte mit freundlichen Wirtsleuten, der Familie Scherer (Tel. 08821/ 4910; Internet www.martinshuette-grasberg.de). Es gibt einfaches, gutes Essen zu angemessenen Preisen. Bei sonnigem Wetter kann man es auf der Terrasse lange aushalten, wenn es schneit, ist es in der Holzhütte ziemlich gemütlich. Eine Übernachtungsmöglichkeit gibt es hier aber leider nicht, Ruhetag: Dienstag. Geschlossen ist die Hütte zwischen Ostern und Pfingsten.

Abfahrt Auf der gleichen Strecke führt der Weg zunächst eben zurück, nach ein paar hundert Metern nimmt das Gefälle zu und die Rodelbahn beginnt. Achtung, hier sind einige Fußgänger unterwegs, die über die Gefahren, die von rasenden Rodlern ausgehen, nicht Bescheid wissen. Außerdem kreuzen einige Spazierwege die Rodelbahn. Also bei der Abfahrt sehr vorsichtig sein. Recht moderat lässt sich der Weg an, doch nach kurzem wird die Bahn steiler, ab der zweiten Kehre aufpassen, denn die Bahn wird ab hier etwas unübersichtlich.

Die Kehren verlangen eine gute Kurventechnik, nach der S-Kurve im Anschluss an die Kehren kann man etwas aufatmen. Allzu Sportliche kürzen hier ab, indem sie querfeldein fahren. Es folgt die oben erwähnte lange Schussstrecke. Vorsicht, hier kreuzen einige Wanderwege – Geschwindigkeit zurücknehmen! Es folgt eine Wegkreuzung, an der man sich scharf links hält, nun verläuft der Weg auf dem Fahrweg weiter. Am Ende der Bahn folgt rechts ein Zaun, mit dem man besser keine zu nahe Bekanntschaft schließt. Rechtzeitig vor der öffentlichen Verkehrsfläche abbremsen!

TIPP Nach dem Rodeln kann man sich von den Strapazen des Aufstiegs und den Schrecken der Abfahrt wunderbar im Alpspitzbad (Tel. 08821/7 53-313) mit Sauna, Solebecken und Dampfbad erholen. Wer noch nicht genug hat, kann sich einer der drei anderen Touren in Garmisch widmen.

Leihrodel gibt es bei Sport Total (Tel. 08821/1425), im Zentrum von Garmisch, Marienplatz 18.

16 Partnach-Alm – Garmisch

Dort, wo jährlich die Profis beim Hornschlittenrennen die höchste Gaudi haben, kann man Aufstieg und Abfahrt auf einer schönen, landschaftlich sehr reizvollen Rodelbahn genießen. Oberhalb der Partnachklamm und unterhalb der Skipisten am Hausberg schlängelt sich ein Weg in aller Stille Richtung Reintal.

Aufstieg Zunächst wandert man auf flachem Weg rechts des Olympiastadions in Richtung Partnachklamm an der Partnach entlang. Nach knapp 10 Minuten biegt man beim Kraftwerk rechts ab, nach hundert Metern schwenkt der Weg nach links. Jetzt steigt der Weg entlang des Hanges gut an und quert einige Bergbäche im lichten Bergwald. Allmählich wird der Weg steiler; wer bislang nicht ins Schwitzen gekommen ist, holt es jetzt nach. Eine knappe halbe Stunde dauert dieser Streckenabschnitt insgesamt, immer wieder kann man durch die Bäume einen Blick auf den Eckbauer werfen. Nun führt der Weg flacher an einem Schuppen auf einer kleinen Almlichtung vorbei. Im Wald steigt der Weg anschließend wieder für eine Viertelstunde an, nach insgesamt einer knappen Stunde wird der Weg flacher, es eröffnet sich eine herrliche Aussicht auf den Wetterstein und nach wenigen Minuten ist das Ziel erreicht.

Partnach-Alm und Wank

Abfahrt Ein kleines Stück zieht man den Schlitten von der Alm zurück, dann führt der Weg mit gutem Schwung ins Tal. Hier sind einige Kurgäste unterwegs, die nicht mit rasenden Rodlern rechnen, also nicht schüchtern sein und in regelmäßigen Abständen Warnrufe ausstoßen und entsprechend defensiv fahren. Etwa auf der Hälfte der Bahn muss man auf einer kurzen Flachstelle den Schlitten ziehen, ab dem Schuppen (hier beginnen die Hornschlittenrennen) schwingt sich der Weg mit gutem Gefälle leicht kurvig ins Tal. Vom Kraftwerk zieht man wie gehabt den Schlitten 10 Minuten zum Parkplatz.

TIPP Die Partnachklamm ist auch im Winter geöffnet. Theoretisch ist es möglich, über die Klamm mit ihren wunderbaren Eisformationen zur Partnach-Alm zu wandern. Der Rodel könnte allerdings auf dem doch recht engen Klammweg ziemlich hinderlich sein.

Auf der Aussichtsterrasse der **Partnach-Alm** (1050 m), einer gemütlichen Berggaststätte, kann man außer dem Panorama auch noch die einfache, aber schmackhafte bayerische Kochkunst der Wirtin genießen. Unter der Woche gibt es manchmal lediglich Brotzeiten, aber auch die werden mit Herz von der Familie Braun (Tel. 08821/26 15) zubereitet. Übernachtungsmöglichkeit in zwei Ferienwohnungen, Ruhetag: Donnerstag. www.partnach-alm.de

Besser: Schloss mitnehmen, Schlitten stehen lassen und die Klamm zu Fuß erkunden.
Das traditionelle Hornschlittenrennen findet Anfang Januar statt, Information: Tel. 08821/5 6064.
Rodelverleih: Skiverleih Ostler Hausbergalm, Tel. 08821/3999.

Tourencharakter Der Reiz dieser Tour scheint sich unter den Rodlern noch nicht herumgesprochen zu haben, denn viele Schlitten kommen einem nicht entgegen, wenn man auf der durchaus kurvigen Straße nach oben wandert. Im unteren Stück ist die Bahn ziemlich steil, deshalb ist es zu empfehlen, sie nur bei idealen Schneebedingungen zu befahren. Anstieg und Rodelbahn befinden sich auf einer gemeinsamen Trasse, deshalb sollte man aufmerksam hochwandern und vorausschauend abfahren.
Inoffizielle Rodelbahn, nicht unbedingt geräumt.

Schwierigkeitsgrad: 3–4
Ausgangsort: Garmisch-Partenkirchen
Anfahrt: Autobahn A 95 München – Garmisch, in Garmisch Richtung Mittenwald, beim Olympiastadion rechts abbiegen, am Olympiastadion parken. Mit der Bahn bis Garmisch, umsteigen in Bus Richtung Kainzenbad/Olympiastadion, Haltestelle Olympiastadion
Einkehren: Garmisch-Partenkirchen ist gastronomisch gut versorgt, es gibt viele Gaststätten mit teils astronomischen Preisen, rühmliche Ausnahme: der Grieche an der Loisachbrücke, Restaurant Limni, Tel. 08821/94 27 27; von der Platte für zwei Personen könnte eine vierköpfige Familie durchaus satt werden.
Höhenunterschied: 260 m
Gesamtdauer: Aufstieg 1 Stunde, Abfahrt 10 Minuten
Länge: 1,7 km, gesamt 2,7 km
Durchschnittsgefälle: 15 % (Rodelbahn)
Karte: Topografische Karte Karwendelgebirge, Maßstab 1:50 000, Bayerisches Landesvermessungsamt München
Fremdenverkehrsamt: Kurverwaltung Garmisch-Partenkirchen, Richard-Strauss-Platz 1a, 82467 Garmisch-Partenkirchen, Tel. 08821/18 07 00, Fax 18 07 55, E-Mail tourist-info@garmisch.partenkirchen.de, Internet www.garmisch-partenkirchen.de

17 Gamshütte – Garmisch

Hoch über Garmisch-Partenkirchen gibt es ein einsames Kleinod: die idyllische Gamshütte, eine Hütte wie im Bilderbuch, klein, verwinkelt, das Holz mit allen Schattierungen von Grau über Rotbraun bis hin zu Schwarz. Eine Hütte, in der man sich in alte Zeiten träumen kann.

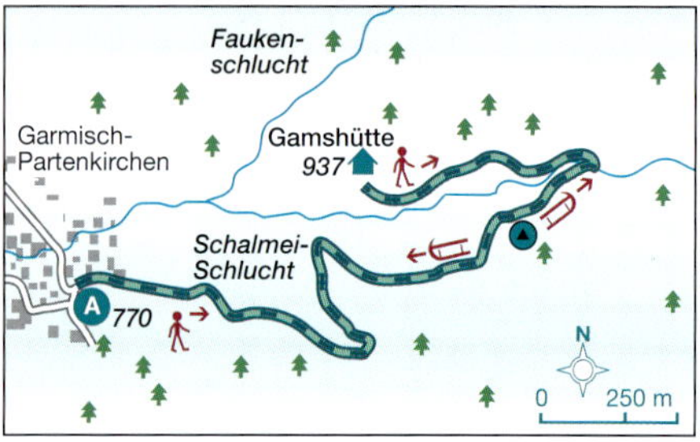

Aufstieg Der Aufstieg beginnt an der Hasentalstraße. Die ersten Minuten wandert man über Almwiesen, dann weiter im Wald. Kurz darauf gelangt man zu einer scharfen Kehre und der Wald wird lichter. Einige Minuten später folgt eine weitere Kehre, kurz darauf, nach insgesamt einer halben Stunde, wird der Weg flacher

Tourencharakter Die Gamshütte liegt etwas versteckt über dem Ortskern von Partenkirchen. Der Aufstieg eröffnet immer neue Ausblicke auf Wetterstein, Alpspitze und Zugspitze – ein beeindruckendes Panorama! Der höchste Punkt der Tour liegt über der Gamshütte, das letzte Stück muss man durch eine kleine Schlucht zur Hütte abfahren. Anstieg und Rodelbahn befinden sich auf einer gemeinsamen Trasse, deshalb sollte man aufmerksam hoch wandern und vorausschauend abfahren.
Inoffizielle Rodelbahn, nicht unbedingt geräumt.

Schwierigkeitsgrad: 2
Ausgangsort: Garmisch
Anfahrt: Autobahn A 95 München – Garmisch, in Partenkirchen vorerst Richtung Mittenwald, am Rathausplatz links in die Ludwigstraße abbiegen, der Vorfahrt nach rechts folgen, dann links in die Sonnenbergstraße bis sie in die Professor-Michael-Sachs-Straße übergeht. Diese wird zur Hasentalstraße. Am Ende der Straße befindet sich unser Ausgangspunkt. Achtung – Parkplatzangebot ist sehr beschränkt. Mit der Bahn bis Garmisch, Bahnhofstraße Richtung Rathausplatz, dann wie oben (ca. 10 Minuten).
Einkehren: Im Gasthaus zum Schatten, Gaststätte Restaurant Zum Schatten, Inhaber Roland Mendl, Sonnenbergstr. 10, Tel. 08821/24 32, kann man zu einigermaßen zivilen Preisen Bayerisch essen.
Höhenunterschied: 280 m (incl. Abfahrt zur Gamshütte)
Gesamtdauer: Aufstieg 1 Stunde 10 Minuten, Abfahrt 20 Minuten
Länge: 2,9 km
Durchschnittsgefälle: 10 %
Karte: Topografische Karte Karwendelgebirge, Maßstab 1:50 000, Bayerisches Landesvermessungsamt München
Fremdenverkehrsamt: Kurverwaltung Garmisch-Partenkirchen, Richard-Strauss-Platz 1a, 82467 Garmisch-Partenkirchen, Tel. 08821/18 07 00, Fax 18 07 55, E-Mail tourist-info@garmisch.partenkirchen.de, Internet www.garmisch-partenkirchen.de

17

Gamshütte

um dann, nach der Abzweigung, bei der man den linken Weg nimmt, um so heftiger anzusteigen. Nach knapp 10 Minuten hat man das Schlimmste überstanden, eine Verschnaufpause ist fällig und gibt uns die Gelegenheit, von der Lichtung einen Blick zurück über Berg und Tal zu genießen. Ab hier führt der Weg im Wald weiter, bei guten Schneeverhältnissen kann man jetzt bis zur Kehre am Ende der Schlucht abfahren. Von dort führt der Weg ein kurzes Stück bergauf, dann setzt man sich auf den Schlitten und bewältigt das letzte Wegstück.

Abfahrt Etwa eine halbe Stunde braucht man für den Weg durch die Schlucht bis zum Hochplateau. Von dort geht es steil runter, bei Eis ist diese Stelle ziemlich gefährlich. Nach etwa 500 m wird es flach, ein Stück muss man den Schlitten ziehen, dann führt der Weg, unterbrochen von zwei Serpentinen, zügig bergab. Nach insgesamt etwa 40 Minuten ist man wieder am Ausgangspunkt.

Die **Gamshütte** (937 m) liegt auf einer Lichtung im Bergwald mit wunderbarer Aussicht über das Garmischer Tal. Es gibt gutes Essen und der Sonnenuntergang von der Terrasse aus gesehen ist ein besonderes Erlebnis.
Bewirtschaftet wird die Hütte von der Familie Pfanzelter (Tel. 08821/ 3457), Übernachtungmöglichkeit besteht nicht, geöffnet ist die Alm von Dienstag bis Sonntag außer am 24. Dezember.

TIPP Man kann die Gamshütte auch über das Schalmeital erreichen (die Schalmeistraße zweigt von der Professor-Michael-Sachs-Straße ab), damit ergibt sich eine schöne Rundwanderung. Allerdings ist damit zu rechnen, dass man den Schlitten aufgrund des schmalen Weges huckepack nehmen muss.

18 Eckbauer – Garmisch

Wer keine Berührungsängste mit Seilbahnen und Skifahrern hat, kann am Eckbauer das tun, was woanders als größte Pistensünde geahndet wird: auf einer Skipiste ins Tal rodeln. Bei schönem Wetter und guten Schneeverhältnissen bietet dieser Rodelausflug durchaus eine pfundige Tour.

Liegestuhlparadies Eckbauer

Aufstieg Kurz nach der Talstation der Sommerrodelbahn (östliches Ende des Parkplatzes am Olympia-Skistadion) zweigt rechts der Wanderweg zum Eckbauer ab. Er ist nicht geräumt und relativ wenig Wanderer benutzen ihn, also muss man mit erschwertem Durchkommen rechnen, wenn viel Schnee liegt. Der Weg schlängelt sich zunächst bei mittlerer Steigung durch Mischwald bergan, nach etwa 10 Minuten, kurz nach dem Hohlweg, erreicht man eine sonnige Lichtung. Nach weiteren 10 Minuten vorwiegend über Almwiesen taucht man wieder in den Wald ein und nach insgesamt 30 Minuten wird unsere Wanderung beschwerlich, denn es wird richtig steil. Nach etwa einer Stunde erreicht man die Bergstation. Nun sind es nur noch ein paar Minuten bis zu unserem Ziel.

Abfahrt Von der Bergstation der Seilbahn nimmt man die präparierte Skipiste, die talwärts gesehen links der Seilbahntrasse hinab nach Garmisch führt. Wegen gemeinsamer Nutzung der Trasse durch Rodler und Skifahrer gegenseitig Rücksicht nehmen! Die Abfahrt ist

Der **Berggasthof Eckbauer** (1236 m) mit schöner Aussicht wird von Familie Neuner (Tel. 08821/2214; Internet www.eckbauer.de) bewirtschaftet. Obwohl man auf den ersten Eindruck hin glaubt, in einem der auf Skipisten üblichen Selbstbedienungsrestaurants zu sein, wird vom freundlichen Wirt versichert, dass alles, auch der Kartoffelsalat, hausgemacht ist. Übernachten kann man nicht, geöffnet wird täglich (Allerheiligen–Weihnachten Betriebsferien.

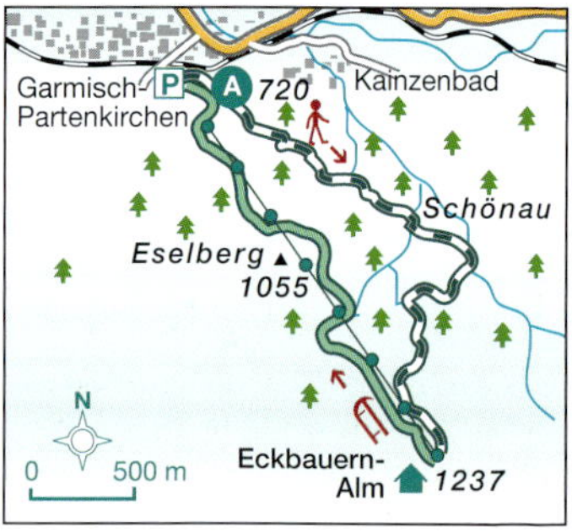

18

Tourencharakter Weil ein paar Steilstückchen die Strecke durchaus anspruchsvoll machen, ist sie als Familienrodelbahn nicht zu empfehlen. Auch die leicht talwärts geneigten Hangquerungen, die mit Skiern problemlos zu bewältigen sind, fordern unser ganzes Können heraus. Bei schlechten Schneeverhältnissen, Sulz oder Neuschnee wird man Probleme haben, auf der Piste zu rodeln. Aber wenn die Schneeverhältnisse es erlauben, hat man durchaus seinen Spaß.
Offizielle Rodelbahn, meist geräumt.

Schwierigkeitsgrad: 2–3
Ausgangsort: Garmisch
Anfahrt: Autobahn A 95 München – Garmisch, in Garmisch Richtung Mittenwald, beim Olympiastadion rechts abbiegen, an der linken Seite des Olympiastadions befindet sich die Talstation der Eckbauerseilbahn. Mit der Bahn bis Garmisch Bahnhof, umsteigen in Bus Richtung Kainzenbad/Olympiastadion, Haltestelle Olympiastadion.
Einkehren: Bei Renzo (Tel. 08821/41 71) am Rathausplatz: gediegene italienische Küche, zivile Preise, kein Ruhetag.

Höhenunterschied: 400 m
Gesamtdauer: Aufstieg 1 Stunde 5 Minuten, Abfahrt 10 Minuten
Länge: 2,5 km
Durchschnittsgefälle: 16 %
Karte: Topografische Karte Karwendelgebirge, Maßstab 1:50 000, Bayerisches Landesvermessungsamt München
Fremdenverkehrsamt: Kurverwaltung Garmisch-Partenkirchen, Richard-Strauss-Platz 1a, 82467 Garmisch-Partenkirchen, Tel. 08821/ 18 07 00, Fax 18 07 55, E-Mail tourist-info@garmisch.partenkirchen.de, Internet www.garmisch-partenkirchen.de

durchwachsen: Das erste Stück führt gut bergab, nach ein paar Minuten muss man den Schlitten über eine Anhöhe ziehen, dann kann man mit Schwung abfahren bis zu einer Flachstelle kurz nach der Seilbahnunterquerung, auf der man etwa 2 Minuten zu Fuß weitergeht. Ein Teilstück hat starkes Seitengefälle, da heißt es selbst mit einem spursicheren Rodel kräftig gegenlenken. Wenn man die Olympiasprungschanze sieht, hält man sich rechts, das letzte Stück vor dem Parkplatz ist recht steil – hier aufmerksam und mit verminderter Geschwindigkeit abfahren, da rodeln ab und zu die Kleinsten.

TIPP Über den Zustand der Piste kann man sich bei der Talstation der Eckbauerbahn (Tel. 08821/34 69; Internet www.eckbauerbahn.de) erkundigen, die Betriebszeit im Winter ist von 9–17 Uhr, die Bergfahrt kostet € 8,–, die Tageskarte € 18,–. Nach der Rodeltour können in Garmisch die Schlittschuhläufer auf ihre Kosten kommen, das Olympia-Eissport-Zentrum (Tel. 08821/75 32 91) in Garmisch hat 5 Eisflächen, davon 3 in der Halle, auch Abendlauf wird angeboten. Das Stadion liegt in unmittelbarer Nähe des Alpspitzbads nördlich des Zentrums.

19 Ederkanzel – Mittenwald

Direkt an der österreichischen Grenze kann man von einem Aussichtsberg weit ins Österreichische hinüberschauen. Eigentlich müsste man angesichts seiner herausragenden Nachbarn, Wetterstein und Karwendelspitze, eher von einem Aussichtszwerg sprechen; der Kleine kann nicht mit großer Höhe, aber mit einem wunderbaren Panorama aufwarten.

Aufstieg Vom Parkplatz geht man die kleine gesperrte Mautstraße zum Lautersee hinein, die an der großen Kurve beginnt. Hoch über den Dächern von Mittenwald führt der Weg mit sanfter Steigung am Hang entlang, rechts kann man in einem dicht bewachsenen Park eine traumhafte Jugendstilvilla bewundern. Nach etwa 10 Minuten führt rechts der Weg vom Tal hinauf, auf dem man ankommt, wenn man mit öffentlichen Verkehrsmitteln auf die Ederkanzel fahren will. Noch etwa 5 Minuten, dann zweigt der Weg zur Ederkanzel links ab und steigt sofort kräftig an. Durch den Mischwald schwingt sich der Forstweg in leichten Kurven und mit gleichmäßiger Steigung gute 20 Minuten nach oben. Als wäre das noch nicht genug, wird es für die folgenden 10 Minuten noch einmal ziemlich steil. Der letzte Abschnitt lässt uns wieder etwas verschnaufen und nach weiteren 10 Minuten erreichen wir unser Ziel nicht mehr ganz atemlos.

Der **Gasthof Ederkanzel** (1208 m) hat nicht nur eine exzellente Aussicht, sondern auch eine freundliche Wirtin, die vom Kochen was versteht. Frau Tiefenbrunner (Tel. 08823/1681; Internet www.ederkanzel.de) tischt auf Vorbestellung (ab 20 Personen) Truthahn auf.

Aber auch ohne diesen kommt man bei gutem Essen auf sein Rodelidealgewicht. Keine Übernachtungsmöglichkeit. Geöffnet ist der Gasthof von November bis 20. Dezember an jedem Wochenende und von da an bis Ostern ohne Ruhetag.

Abfahrt Hinter dem Gasthaus fängt der Weg zunächst mäßig steil an, ab der Kurve verläuft er etwas steiler und kurz darauf folgt ein eher flaches Stück. Aber dann schlägt das Herz des mutigen Rodlers höher, denn auf einem gut steilen Weg geht es nun flott durch den Winterwald. Nach 700 m wird die Bahn kurz flacher, nach der kleinen Lichtung wieder steiler. Kurz darauf erreicht man die Forststraße, die Mittenwald mit Lautersee verbindet. Ab hier kann man nur teilweise und auch dann nur bei sehr guten Schneeverhältnissen weiter abfahren. Auf jeden Fall ist mit

Gegenverkehr zu rechnen. Wer mit der Bahn gekommen ist, muss nach etwa 200 m nach links abbiegen, um zum Bahnhof zu gelangen.

TIPP Das Geigenbau-Museum (Tel. 08823/2511; Internet www.geigenbaumuseum-mittenwald.de) in der Ballenhausgasse 3 ist mit Bauernmöbeln, Kunstgewerbe und Hausrat aller Art sowie mit einem Wohnhaus eingerichtet. In der Instrumentensammlung sind wertvolle Stückeausgestellt, darunter Geigen von Jakobus Stainer, Matthias Klotz und seinen Söhnen sowie von anderen Mittenwalder Meistern und Geigenbauwerkzeug (Geöffnet Di.–Fr. 10–17 Uhr, Nebensaison und 10–16 Uhr Samstag, Sonntag, Feiertag 10–13 Uhr, Mo. geschlossen).

Gasthaus Ederkanzel

Tourencharakter Diese Rodelbahn ist ziemlich schneesicher, da sie auf dem schattigen Nordhang von Mittenwald auf die Ederkanzel führt. Der Aufstieg ist kurz aber schweißtreibend, die Rodelbahn durchaus anspruchsvoll, teilweise steil und kurvenreich. Mit entgegenkommenden Fahrzeugen ist zu rechnen. Anstieg und Rodelbahn befinden sich auf einer gemeinsamen Trasse, deshalb sollte man aufmerksam hoch wandern und vorausschauend abfahren.
Inoffizielle Rodelbahn, nicht unbedingt geräumt.

Schwierigkeitsgrad: 3
Ausgangsort: Mittenwald
Anfahrt: Autobahn A 95 München – Garmisch bis Garmisch, weiter nach Mittenwald. Von dort Richtung Scharnitz, am Ortsende rechts Richtung Leutasch, nach etwa 1 km kommt eine starke Linkskurve, dort am Wanderparkplatz das Auto abstellen. Mit der Bahn bis Mittenwald, Laintaler Straße in südlicher Richtung stadtauswärts, grob Richtung Kurpark, rechts vom Kurpark (Haus Waldfrieden) hoch, ab hier ist die Ederkanzel ausgeschildert.
Einkehren: In Mittenwald gibt es eine ausgeprägte gastronomische Struktur, da ist für jeden Geschmack etwas dabei.
Höhenunterschied: 210 m
Gesamtdauer: Aufstieg 1 Stunde, Abfahrt 10 Minuten
Länge: Insgesamt 2,2 km, davon 1,5 km Rodelbahn
Durchschnittsgefälle: 14 % (Rodelbahn)
Rodelverleih: Haushaltswaren Seitz (Tel. 08823/55 54), Professor-Schreyögg-Platz 1 und Kranzberg-Sessellift-Talstation, Tel. 08823/15 53
Karte: Topografische Karte Karwendelgebirge, Maßstab 1:50 000, Bayerisches Landesvermessungsamt München
Fremdenverkehrsamt: Kurverwaltung Mittenwald, Dammkarstraße 3, 82481 Mittenwald, Tel. 08823/3 39 81, Fax 27 01, E-Mail touristinfo@mittenwald.de, Internet www.mittenwald.de

20 Kranzberg – Mittenwald

Eine gepflegte Rodelbahn, geräumt und ohne Gegenverkehr, eine wunderbare Aussicht auf die Karwendelspitze und das Wettersteingebirge und eine Sesselbahn für Zeitgenossen, die ihre Kräfte schonen wollen, erwarten uns am Kranzberg in Mittenwald. Der abwechslungsreiche Aufstieg führt durch Mischwald und über Almwiesen.

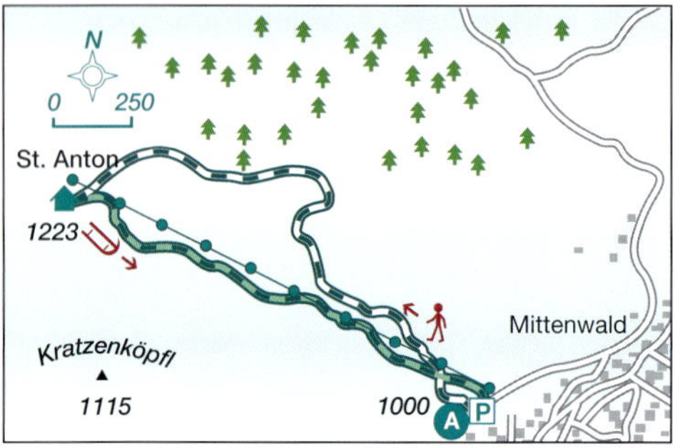

Die **Berggaststätte St. Anton** liegt auf 1250 m und wird von der Familie Brummer (Tel. 08823/8001) bewirtschaftet. Von außen, bei Speisekarte und Preisen gleicht sie allen Berggaststätten am Ende einer Seilbahn. Übernachtungsmöglichkeit gibt es keine; tagsüber kann man sich Liegestühle ausleihen. Kein Ruhetag.

Tourencharakter
Abgesehen von einem kurzen Teilstück direkt über der Talstation ist diese Rodelbahn geradezu ideal für Familien mit Kindern, die schon etwas Rodelerfahrung haben: Die Rodelbahn wird gepflegt, die Kurven sind geschützt oder überhöht und mit entgegenkommenden Fahrzeugen und Fußgängern muss man nicht unbedingt rechnen.
Offizielle Rodelbahn, meist geräumt.

Schwierigkeitsgrad: 2
Ausgangsort: Mittenwald
Anfahrt: Autobahn A 95 München – Garmisch bis Garmisch, weiter Richtung Mittenwald bis Ausfahrt Mittenwald Nord, vor der Ortseinfahrt Richtung Luttensee, über die Gröbl-Alm und den Gröblweg zum Parkplatz am Kranzberglift. Mit der Bahn bis Mittenwald, Zubringerbus zum Kranzberglift.
Einkehren: Bayerische Küche wird in der Gaststätte Kärntner Alm (Tel. 08823/82 39) am Parkplatz der Talstation serviert.
Höhenunterschied: 220 m
Gesamtdauer: Aufstieg 45 Minuten, Abfahrt 5 Minuten
Länge: 1,6 km
Durchschnittsgefälle: 14 %
Rodelverleih: Haushaltswaren Seitz (Tel. 08823/55 54), Professor-Schreyögg-Platz 1, und an der Talstation des Kranzberg-Sessellifts (Tel. 08823/15 53).
Karte: Topografische Karte Karwendelgebirge, Maßstab 1:50 000, Bayerisches Landesvermessungsamt München
Fremdenverkehrsamt: Kurverwaltung Mittenwald, Dammkarstraße 3, 82481 Mittenwald, Tel. 08823/3 39 81, Fax 27 01, E-Mail touristinfo@mittenwald.de, Internet www.mittenwald.de

Aufstieg Der Aufstieg und die Abfahrt sind getrennt. Fährt man nicht mit der Bahn, startet man auf der Forststraße, die etwa 100 m links von der Talstation von der Kranzbergstraße abzweigt (Beschilderung Korbinianshütte). Durch den Fichtenwald führt der Weg mit guter Steigung bergauf. Von links kommt die Rodelbahn, Achtung beim Queren! Durch lichten Fichtenwald geht es weiter bergauf; nach 5 Minuten unterquert man den Sessellift und wandert am Waldrand mit Blick auf eine Almwiese weiter. Wieder im Wald wendet man sich nach insgesamt etwa 25 Minuten nach links Richtung St. Anton. Über eine Almwiese ziehen wir unseren Schlitten auf nicht sehr steilem Weg unter der Sesselbahn hindurch und gelangen kurz darauf wieder in den Wald. Nach 5 Minuten mittlerer Steigung ist man wieder auf einer Almfläche und hier lohnt es sich zurückzuschauen: Bei schönem Wetter hat man einen herrlichen Panoramablick auf das Karwendel- und Wettersteingebirge. Die letzten Meter unter der Berggaststätte sind dann wieder etwas steiler.

Abfahrt Die Abfahrt beginnt kurz unterhalb der Bergstation der Sesselbahn mit gutem Gefälle. Mit Gegenverkehr oder Fußgängern ist hier nicht zu rechnen, trotzdem könnte ein langsamerer oder gestürzter Rodler auf der Fahrbahn sein, also Vorsicht! Entlang der Freifläche wird der Weg etwas flacher, im Wald geht der Weg dann mit guter Geschwindigkeit und schönen, teils überhöhten Kurven Richtung Tal. Im letzten Drittel wird der Weg steiler, Achtung beim Kreuzen der Forststraße! Recht zügig geht der Weg dann zur Talstation.

TIPP Wer spät am Nachmittag hochgeht oder mit dem letzten Sessellift hochfährt, kann am Kranzberg Stille und Ruhe finden, wer eine Stirnlampe trägt, könnte es hier mit Mondscheinrodeln probieren.

Sessellift: Schneebeschaffenheit und Befahrbarkeit der Rodelbahn kann man bei der Talstation des Kranzberg-Sessellifts (Tel. 08823/15 53; Internet www.skiparadies-kranzberg.de), betrieben von der Gemeinde Mittenwald, erfragen, die Betriebszeit im Winter ist von 9–16.25 Uhr, die Bergfahrt kostet 4 Euro, es gibt spezielle Tageskarten für Rodelbahnbenutzer.

Unterm Kranzberg

21 Blomberg – Bad Tölz

Die Rodelbahn am Blomberg stammt noch aus Zeiten, in denen Rodeln als Volkssport die Stellung besaß, die jetzt das Skifahren einnimmt. 1908 wurde die Rodelbahn für stattliche 77 000 Goldmark errichtet. Noch heute ist der Blomberg mit seinem Sessellift bei Rodelsportlern ein Begriff. Der Kenner weiß: Einsam ist diese Tour nicht, aber die Rodelbahn ist einen Aufstieg wert.

Am Blomberg

Aufstieg Wenn man nicht mit dem Sessellift auf den Blomberg fahren will, bietet sich der Aufstieg über die Nordseite des Blombergs an. Rechts der Talstation führt ein ca. 7 km langer schattiger Forstweg durch den Fichtenwald langsam, aber stetig bergauf. Nach etwa einer halben Stunde führt der Weg sogar ein kurzes Stück bergab, kurz darauf steigt er wieder an. Belohnt wird die relativ lange Wanderung mit schönen Ausblicken auf die Ebene um Penzberg. Nach etwas mehr als einer Stunde verlässt man den Wald und kann bei schönem Wetter mit Ausblick auf Brauneck und Benediktenwand rechnen. Nach knapp 2 Stunden hat man die Berggaststätte erreicht.
Wer sich nicht anstrengen will, fährt mit der Blombergbahn, einem Sessellift, der von der Familie Zintl betrieben wird, die auch Schlitten verleiht.

Abfahrt Direkt unter dem Blomberghaus neben dem Bergwachthäuschen fängt die Rodelbahn mit gutem Gefälle auf schmalem Weg durch den hohen Fichtenforst an. Die abschüssigen Strecken-

Das **Blomberghaus** (1237 m) – unspektakuläre Berggaststätte mit einfacher Küche – wird von Familie Ginhart (Tel. 08041/ 6436, E-Mail info@blomberghaus.de, Internet www.blomberghaus.de) bewirtschaftet. Es bietet 3 Lager sowie 7 Einzel- und 7 Doppelzimmeran und ist von Mitte Nov. bis Mitte Dezember geschlossen.

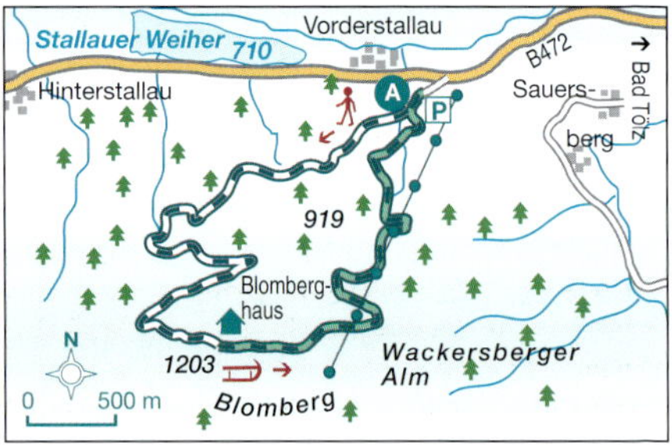

abschnitte sind zum Teil mit liegenden Stämmen gesichert, damit die Rodler nicht von der Bahn abkommen. Nach einer längeren Geraden gibt es mehrere leicht überhöhte Kurven, die teilweise etwas unübersichtlich im Wald liegen. Um Auffahrunfälle zu vermeiden sollte man hier tunlichst sein Tempo reduzieren. Die Bahn trifft im letzten Abschnitt auf den Fußweg, hier muss man sein Tempo entsprechend drosseln.

TIPP Wer noch nicht genug vom Rutschen und Gleiten hat, kann sich ja nach der Rodeltour im Alpamare (Tel. 08041/5099 99, Internet www.alpamare.de) in Bad Tölz austoben; außer mehreren Rutschbahnen erwarten den Besucher Sauna, Dampfbad, Whirlpool, Wellenbad und Wellnessangebote. Täglich geöffnet, Öffnungszeiten: 9–22 Uhr.

Blombergbahn und Schlittenverleih: Wer es einfach haben will, fährt mit der Blombergbahn, einem Sessellift, der von Familie Zintl (Tel. 08041/3726) betrieben wird und die auch einfache Rodel verleiht. Die Betriebszeit im Winter: 9–16 Uhr, die Bergfahrt kostet 4 Euro.

Tourencharakter Nach meinen Erfahrungen wird die Rodelbahn bei Vereisung nicht immer rechtzeitig gesperrt, auch die Auskunft des Sesselliftbetreibers über den Zustand der Rodelbahn war in einem Fall irreführend, deshalb möchte ich diese Rodelbahn nicht für Familien empfehlen, denn bei Eis kann sie mit ihrem starken Gefälle zur unkontrollierbaren Schlitterpartie werden. Da ist es auch kein Trost, dass am Start der Rodelbahn die Bergwacht in Bereitschaft sitzt. Bei entsprechender Schneelage kann man die Bahn durchaus mutigen und geübten Erwachsenen oder Jugendlichen empfehlen.
Offizielle Rodelbahn, meist geräumt.

Schwierigkeitsgrad: 4
Ausgangsort: Bad Tölz
Anfahrt: Autobahn A95 München – Garmisch, Ausfahrt Penzberg, dort Richtung Bad Tölz, ca. 3 km vor Bad Tölz großer Parkplatz beidseitig der Straße, man sieht die Blombergbahn von hier aus. Mit der Bahn bis Bad Tölz, dann umsteigen in Bus 9610 Richtung Garmisch oder 9612 Richtung Kochel oder 9591 Richtung Penzberg, Haltestelle Blombergbahn am Anfang der Tour.
Einkehren: Im Familienbetrieb Gaststätte Wiesweber am Stallauer Weiher (Tel. 08046/453) kann man bei bayerischer Küche und hausgemachtem Kuchen entspannen. Ruhetage: Montag und Dienstag.
Höhenunterschied: 550 m
Gesamtdauer: Aufstieg gut 2 Stunden, Abfahrt 15 Minuten
Länge: Aufstieg 5,5 km, Rodelbahn 3 km
Durchschnittsgefälle: 18 % (Rodelbahn)
Karte: Topografische Karte Bad Tölz – Lenggries, Maßstab 1:50000, Bayerisches Landesvermessungsamt München
Fremdenverkehrsamt: Tourist-Information Bad Tölz, Max-Höfler-Platz 1, 83646 Bad Tölz, Tel. 08041/78670, Fax 786756, E-Mail info@bad-toelz.de, Internet www.bad-toelz.de

22 Kirchsteinhütte – Lenggries

Unter dem Kirchstein findet der Rodler eine ausgewogene Landschaft: ein munteres Bergbächlein, einen steilen Bergwald und weite, verschneite Almwiesen. Auch eine zünftige kleine Bergwirtschaft fehlt nicht, in der man sich bei schönem Ausblick über das Isartal stärken kann.

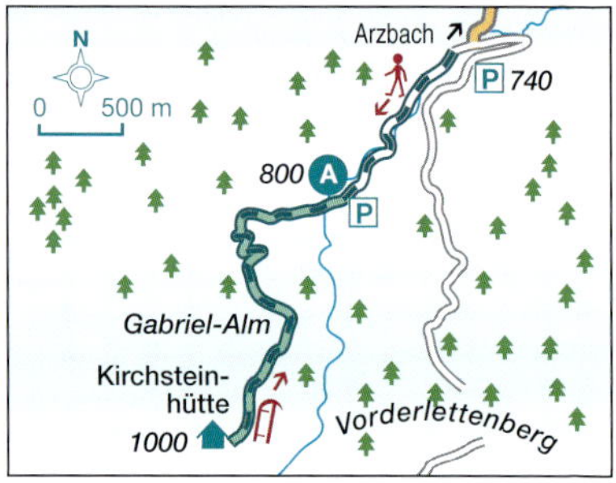

Aufstieg Man kann vom ersten Parkplatz auf flachem Weg ein landschaftlich sehr reizvolles Flusstal entlang wandern (ca. 25 Minuten), oder man parkt am zweiten Parkplatz, dem Ausgangspunkt der Rodeltour. Hinter der Brücke führt der Weg zunächst kurz den Bach entlang, dann eine halbe Stunde in leichten Serpentinen kräftig bergauf. Bei der Weggabelung hält man sich links. Der nächste Wegabschnitt verläuft fast eben mit schönem Ausblick auf die Tegernseer Berge. Die hübsch gelegene Gabriel-Alm, die man sieht, wenn man den Wald verlässt, ist leider noch nicht das Ziel, von dort sind es mäßig steile 10 Minuten über Almwiesen zur Kirchsteinhütte.

Die ziemlich gemütliche **Kirchsteinhütte** (1000 m) wird von Familie Bauer, Tel. 0172/8 52 77 95 und 08042/33 13, Internet www.lenggries.de/kirchsteinhuette, bewirtschaftet, die es bewundernswerterweise schafft, selbst im größten Trubel noch Übersicht zu bewahren; die Küche ist einfach und schmackhaft. Übernachten kann man in 37 Betten bzw. Bettenlager, Ruhetage: Montag und Dienstag.

Abfahrt Bis zur Gabriel-Alm kann man rodeln, dann ist der Weg zu flach zum Rodeln. Etwa 10 Minuten muss man den Schlitten bis zu einer Weggabelung ziehen, dann wird die Bahn recht steil, es folgen einige Serpentinen und dann der Abschnitt entlang des Lettenbachs, der bei vereister Bahn gefährlich ist; rechts befindet sich eine Steinmauer, links der Abhang zum Bach. Ist dieser Abschnitt überwunden, kann man auf den letzten paar Metern bis zum Parkplatz, die wieder flach sind, verschnaufen.

TIPP In Gaißach, in der Nähe von Bad Tölz, findet jährlich im Fasching, in der Regel am 3. Sonntag im Januar (oder einem

22

Tourencharakter Die Wanderung auf die Kirchsteinhütte an Wochenenden ist sehr beliebt und man wird mit einer stark frequentierten Hütte rechnen müssen. Die Abfahrt im oberen Teil ist gemütlich, der untere Abschnitt, vor allem der Weg, der neben dem Wildbach entlang führt, ist, wenn er vereist ist, sehr gefährlich. Um Haftungsansprüche auszuschließen, hat die Wegegemeinschaft ein Rodelverbotsschild angebracht. Diese Tour ist nur bei wirklich guter Schneelage zu empfehlen. Anstieg und Rodelbahn befinden sich auf einer gemeinsamen Trasse, deshalb sollte man aufmerksam hochwandern und vorausschauend abfahren. Inoffizielle Rodelbahn, nicht unbedingt geräumt.

Schwierigkeitsgrad: 3
Ausgangsort: Lenggries
Anfahrt: mit PKW: Autobahn München – Garmisch, ab Ausfahrt Penzberg Richtung Bad Tölz, von Bad Tölz auf der Westseite der Isar Richtung Lenggries, nach ca. 4 km in der Ortsmitte von Arzbach Richtung Lengental, dort bei gutem Schnee und wenig Verkehr (wochentags) das Auto am ersten Parkplatz stehen lassen, ansonsten auf schmaler Straße zum zweiten Parkplatz (ca. 1,5 km) Zug nach Bad Tölz, von dort umsteigen in Bus 9564 Richtung Talstation Brauneck-Bahn bis Ortsmitte Arzbach, von dort 2,5 km Richtung Lengental zum Anfang der Tour (Wanderparkplatz).
Einkehren: Ziemlich gut isst man in der Dorfschänke Lenggries, Bachmairgasse 3 (Tel. 08042/21 08), Ruhetag: Mi.
Höhenunterschied: 200 m
Gesamtdauer: 45 Minuten, Abfahrt 15 Minuten
Länge: 2 km
Durchschnittsgefälle: 10 %
Rodelverleih: Sport-Sepp, Lenggries, Gaissacherstr. 1, Tel. 08042/25 89, Skischule Lenggries im Draxlhanglifthaus, Tel. 08042/36 36
Karte: S. Tour 10.
Fremdenverkehrsamt: Verkehrsamt Lenggries, Rathausplatz 2, 83661 Lenggries, Tel. 08042/50180, Fax 5018 10, E-Mail info@lenggries.de, Internet www.lenggries.de

der folgenden) das berühmte Schnablerrennen statt. Vorausgesetzt, es liegt genug Schnee. Anlässlich einer Wette von 1928 rodeln die waghalsigen Gaißacher Burschen, ca. 30 Schlittenfahrer und 40 Schnabler, große Hornschlitten mit 2 Mann Besetzung auf der 1,5 km langen Strecke zu Tal. Ziel des Rennens ist es, den schmalen, steilen und zum Teil vereisten Weg ohne mechanische Hilfen wie Bremse oder Steuer möglichst schnell zu fahren und abschließend auf der Naturschanze so weit wie möglich zu fliegen. Der weiteste Sprung mit einem Schnabler betrug 25 Meter. Auskunft erteilt das Verkehrsamt Gaißach Tel. 08041/18 89.

Kirchsteinhütte

23 Reiser-Alm – Lenggries

Unterm Brauneck gibt es eine kurze, nicht sehr anstrengende Rodeltour, die auch Kindern Spaß machen kann. Fast unberührt vom Skitrubel, der nebenan tobt, kann man auf einem schattigen Waldweg zur kleinen Reiser-Alm hochlaufen. Die Hütte am Ziel ist ausgesprochen gemütlich.

Aufstieg Vom Parkplatz unterhalb der Brauneckbahn führt uns der Weg links unter der Seilbahntrasse Almwiesen entlang hinauf. Nach 5 Minuten ist aller Skirummel vergessen, der Weg windet sich in weiten Serpentinen durch ein lichtes Wäldchen. Immer wieder überquert man kleine Bäche. Man unterquert die Seilbahn und kreuzt

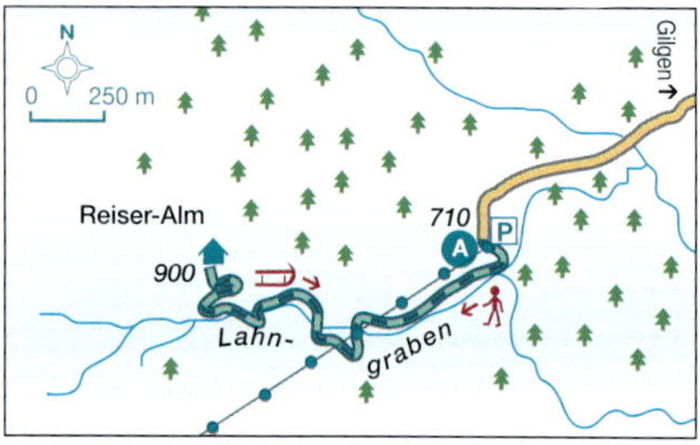

Tourencharakter Kurze familienfreundliche Tour mit relativ leichter Abfahrt. Wenn die Schneeverhältnisse es zulassen, können geübte Kinder auch selbst auf dem Weg mit den vielen Kehren fahren. Anstieg und Rodelbahn befinden sich auf einer gemeinsamen Trasse, deshalb sollte man aufmerksam hochwandern und vorausschauend abfahren. Offizielle Rodelbahn, meist geräumt.

Schwierigkeitsgrad: 2
Ausgangsort: Lenggries
Anfahrt: Autobahn A 95 München – Garmisch, ab Ausfahrt Penzberg Richtung Bad Tölz, von Bad Tölz nach Lenggries, in den Ortsteil Wegscheid, dort zur Talstation der Brauneck-Bahn. Mit der Bahn bis Bad Tölz, von dort umsteigen in den Bus 9564 in den Ortsteil Wegscheid und zur Talstation der Brauneck-Bahn, Ausgangspunkt ist die Talstation.
Einkehren: Freundlich bedient wird man in der Dorfschänke Lenggries, Bachmairgasse 3, Tel. 08042/21 08, Ruhetag: Mittwoch.
Höhenunterschied: 190 m
Gesamtdauer: Aufstieg 30 Minuten, Abfahrt 5 Minuten
Länge: 1,8 km
Durchschnittsgefälle: 10 %
Rodelverleih: Sport Sepp Lenggries, Gaissacherstraße. 1 (hinter der Kirche), Tel. 08042/25 89, oder Skischule Lenggries im Draxlhanglifthaus, Tel. 08042/36 36.
Karte: Topografische Karte Bad Tölz – Lenggries, Maßstab 1:50 000, Bayerisches Landesvermessungsamt München
Fremdenverkehrsamt: Verkehrsamt Lenggries, Rathausplatz 2, 83661 Lenggries, Tel. 08042/50 180, Fax 50 18 10, E-Mail info@lenggries.de, Internet www.lenggries.de

mehrmalsden Lahngraben. Nach einer guten halben Stunde erreichen wir die Hütte und können in einer Waldschneise talwärts schauen.

Die **Reiser-Alm** (950 m) ist eine einfache und sehr gemütliche Berghütte. Die Wirtsleute, die Familie Oswald, Tel. 08042/83 02, sind bei Hochbetrieb leicht überlastet. Die Hütte ist ganzjährig ohne Ruhetag von 10–20 Uhr geöffnet. Übernachtungsmöglichkeit in 26 Betten und Lagern.

Abfahrt Von der Hütte ab führt der kurvige Waldweg mit gleichbleibend sanftem Gefälle talwärts. Die Bachfurten können bei sehr kaltem Wetter vereist sein, dort sollte man seine Geschwindigkeit vorher entsprechend reduzieren, denn lenken oder bremsen auf Eis ist aussichtslos. Kurz vor der unteren Brücke noch ein kleines steileres Stück, dann darf der Schlitten am Waldrand bis zum Parkplatz auslaufen.
Achtung: auf den letzten hundert Metern Stacheldraht längs des Wegs!

TIPP Lenggries hat insgesamt drei Rodelbahnen – da ist für jeden Geschmack das Passende dabei. Milchhäusl, Denk-Alm und Reiser-Alm, diese Einkehrmöglichkeiten lassen sich ohne weiteres kombinieren.

Unterhalb der Reiser-Alm

24 Denk-Alm – Lenggries

Am Nachmittag auf die Denk-Alm, um dort den Sonnenuntergang überm Brauneck zu sehen, ist ein Schmankerl für Genießer. Vielleicht reicht die Zeit noch für einen Tee in der wunderschön urigen Almhütte. Dann aber nichts wie los, denn die Abfahrt ist kurvig und steil, ungeeignet für Nachtfahrten.

Hier beginnt der Weg zur Denk-Alm

Aufstieg Vom Parkplatz aus wandert man die ersten 10 Minuten sanft über Wiesen und an den letzten Häusern von Lenggries vorbei. Dann steigt der Weg nach einer weiten Linkskurve etwa 20 Minuten durch Fichtenwald kräftig an. Die letzten 10 Minuten unterhalb der Hütte wird die Strecke noch ein bisschen steiler. Zwischen Almwiesen sieht man schon die Hütte liegen.

Abfahrt Direkt unter der Hütte fordern mehrere enge und steile Kurven die Geschicklichkeit des Rodlers heraus, denn man will weder im Tiefschnee noch im Stacheldraht landen. Dann führt der Weg schwungvoll bergab. Ich empfehle dringend, die Strecke nüchtern abzufahren. Ist das Steilstück überwunden wird der Weg wieder etwas gemächlicher, wenn man unten aus dem Wald kommt, sollte man auf den Stacheldraht und die Heckenrosen links und rechts des Wegs aufpassen.

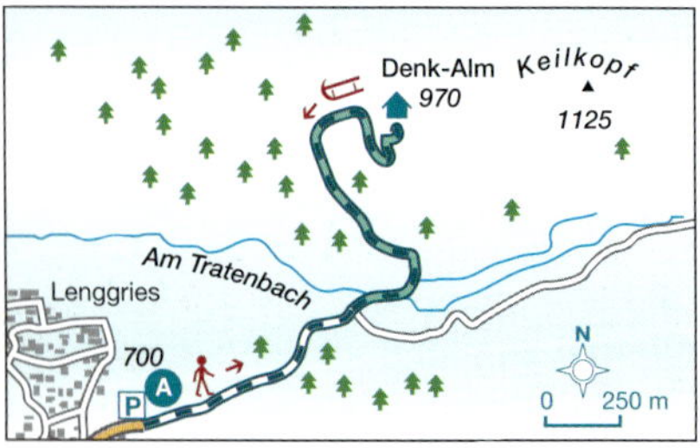

Wie im Bilderbuch lehnt die **Denk-Alm** (980 m) aus sonnengebräunten Holz am Hang – einladend. Besonders nachmittags und abends hat man einen herrlichen Blick über Lenggries aufs Brauneck.
Auch drinnen ein Hauch von früheren Zeiten, daran ist die freundliche Familie Bauer (Tel. 08042/2770) wohl nicht ganz unschuldig. Sie servieren Brotzeit und einfache Gerichte an gemütlichen Tischen. Nur die Übernachtungsmöglichkeit fehlt. Nach Ostern ist ein paar Wochen geschlossen, Ruhetag: Mittwoch.

TIPP Im Erlebnisbad »Isarwelle«, Tel. 08042/509596, Goethestraße 22a, findet die Wasserratte Blubbermulden, Wasserspeier, Sprudeldüsen, einen Strömungskanal, Whirlpools und ein geheiztes Außenbecken. Das Bad ist übersichtlich und irgendwie gemütlich. Öffnungszeiten: Di.–Fr. 11.30–21 Uhr, Sa., So. 10–19.30 Uhr.

Unterhalb der Denk-Alm

Tourencharakter Diese recht steile, aber landschaftlich sehr reizvoll gelegene Rodelbahn gegenüber dem Brauneck ist bei idealen Schneeverhältnissen für geübte Rodler geeignet. Anstieg und Rodelbahn befinden sich auf einer gemeinsamen Trasse, deshalb sollte man aufmerksam hochwandern und vorausschauend abfahren.
Inoffizielle Rodelbahn, nicht unbedingt geräumt.

Schwierigkeitsgrad: 3–4
Ausgangsort: Lenggries
Anfahrt: Autobahn A 95 München – Garmisch, Ausfahrt Penzberg, dort Richtung Bad Tölz, von Bad Tölz auf der Ostseite der Isar nach Lenggries, in der Ortsmitte (an der Kirche) Richtung Denk-Alm, zunächst der Beschilderung Isarwelle folgen, dann links ab. Achtung Zahl der Parkplätze begrenzt. Zug nach Bad Tölz, von dort mit dem Bus 9553 nach Lengries, Haltestelle an der Kirche, ab hier ca. 5 Minuten zum Weg zur Denk-Alm (beschildert).
Einkehren: In der Dorfschänke Lenggries, Bachmairgasse 3, Tel. 08042/21 08, kann man gemütlich sitzen, essen und trinken, Ruhetag: Mittwoch.
Höhenunterschied: 220 m
Gesamtdauer: Aufstieg 40 Minuten, Abfahrt 10 Minuten
Länge: 1,5 km
Durchschnittsgefälle: 15 %
Rodelverleih: Sport Sepp Lenggries, Gaissacherstraße. 1, Tel. 08042/25 89, Skischule Lenggries im Draxlhanglifthaus, Tel. 08042/36 36.
Karte: S. Tour 12.
Fremdenverkehrsamt: Verkehrsamt Lenggries, Rathausplatz 2, 83661 Lenggries, Tel. 08042/50 180, Fax 50 18 10, E-Mail info@lenggries.de, Internet www.lenggries.de

25 Buchsteinhütte – Kreuth

Wenn sonst kein Schnee mehr liegt: Im Tal zwischen Kreuth und der österreichischen Grenze befindet sich ein Schneeloch. Nicht umsonst liegt dort die Wettbewerbsrodelbahn des rührigen Kreuther Rodelclubs. Gegenüber findet man eine vielseitige Strecke für eine Familientour.

Aufstieg zum Buchsteinhaus

Aufstieg Vom Parkplatz führt der Forstweg mit mäßiger Steigung recht idyllisch am Schwarzenbach entlang Richtung Schwarzentenn-Alm. Bei entsprechender Witterung kann man im Bachbett wunderbare Eisformationen bewundern. Nach etwa einer Wegstunde, kurz vor der Schwarzentenn-Alm, zweigt links der Forstweg zur Buchsteinhütte ab, überquert den Bach und zieht sich in weiten Schleifen im lichten Fichtenwald den Buchstein hinauf. War die erste Hälfte eher gemächlich, wird die zweite schweißtreibender. Nach insgesamt etwa 1,5 Stunden verlassen wir den Forstweg und biegen in einer scharfen Kehre rechts in den Wanderweg zur Buchsteinhütte ab. Nach etwa 10 Minuten wird der Wald lichter, links von uns thront mächtig der Buchstein und nach ein paar Schlenkern des Wegs taucht vor uns die Buchsteinhütte mit ihrem eigenartigen Vorbau auf.

Die gemütliche **Buchsteinhütte** (1260 m) wird von der Familie Rackwitz, Tel. 08029/244, Fax 291, Internet www.buchsteinhuette.de, mit großer Aufmerksamkeit bewirtschaftet. Übernachtungsmöglichkeiten bietet die Hütte in 53 Betten und Lagern. Geöffnet ist sie mit Ausnahme des 23. und 24. Dezember täglich. Mo. Ruhetag.

Abfahrt Von der Buchsteinhütte kann man nach den ersten paar hundert Metern, die noch recht flach verlaufen, zügig herabrodeln, die scharfen Kehren erfordern die ganze Aufmerksamkeit des Rodlers. Besonders die Schussgerade vor der letzten Kehre hat es in sich. Das letzte Teilstück ab der Brücke lässt sich auch bei gutem Schnee nicht durchgängig befahren, hier muss man teilweise laufen. Achtung – Anlieger mit dem Pkw und Pferdeschlitten dürfen bis Schwarzentenn-Alm fahren, mit Gegenverkehr ist also immer zu rechnen.

TIPP Schon 1184 wurde in Kreuth eine Leonhardskapelle erwähnt. Die heutige Pfarrkirche St. Leonhard in Kreuth wurde 1491

25

Tourencharakter Lange Tour, aber nicht sehr beschwerlich, mit flachen Abschnitten im unteren Bereich und gelegentlich größeren Schneehöhen im oberen Abschnitt. Anstieg und Rodelbahn befinden sich auf einer gemeinsamen Trasse, deshalb sollte man aufmerksam hochwandern und vorausschauend abfahren.
Inoffizielle Rodelbahn, nicht unbedingt geräumt.

Schwierigkeitsgrad: 2
Ausgangsort: Kreuth – Winterstube
Anfahrt: Autobahn A 8 München – Salzburg bis zur Ausfahrt Holzkirchen, Richtung Tegernsee, durch Tegernsee, weiter nach Kreuth, 4 km nach Kreuth Richtung Achensee kleiner Parkplatz rechts (Achtung – könnte besetzt sein). Mit der Bahn bis Tegernsee, umsteigen in Bus 9556 Richtung Stubben, Haltestelle direkt am Anfang der Tour, Ausgangspunkt Winterstube.
Einkehren: Am Wochenende kann man einen Abstecher zur Schwarzentenn-Alm, Tel. 08029/386, machen, eine gute Küche hat die Gaststätte Göttfried, Tel. 08029/293, Südliche Hauptstraße 2, Kreuth, Donnerstag Ruhetag

Höhenunterschied: 450 m
Gesamtdauer: Aufstieg 2 Stunden, Abfahrt 20 Minuten
Länge: 5,5 km
Durchschnittsgefälle: 8 %
Rodelverleih: Herr Sennhofer, Tel. 08029/495, im Hirschberg-Liftstüberl in Kreuth und Herr Saalbach, Tel. 08029/1025, im Kirchbergliftstüberl in Scharling.
Karte: Topografische Karte Mangfallgebirge, Maßstab 1:50 000, Bayerisches Landesvermessungsamt München
Fremdenverkehrsamt: Kurverwaltung Kreuth, Nördliche Hauptstraße 3, 83708 Kreuth am Tegernsee, Tel. 08029/ 1819, Fax 1828, E-Mail info@kreuth.de, Internet www.kreuth.de

erbaut und hat im Lauf der Zeit einige Veränderungen und Renovierungen erlebt (1687 Barockisierung, 1776 Verlängerung der Kirche um 3 Meter, 1864 Regotisierung, 1930 Renovierung, 1955 Umgestaltung des Altarraumes, 1990/91 Renovierung). Der in der Landbevölkerung heute noch hoch verehrte heilige Leonhard, ursprünglich Fürbitter der Gefangenen, galt nicht nur als Patron der Pferde, sondern auch der Fuhrleute und der Passstraßen in den Bergen. Jedes Jahr am 6. November wird in Kreuth das Fest des Heiligen Leonhard gefeiert. Nach dem Gottesdienst umfahren die geschmückten Pferdewagen mit den Frauen in Tracht dreimal die Kirche und werden dabei gesegnet. Die Kreuther Leonhardifahrt ist die älteste in Bayern und wurde 1442 erstmals urkundlich erwähnt.

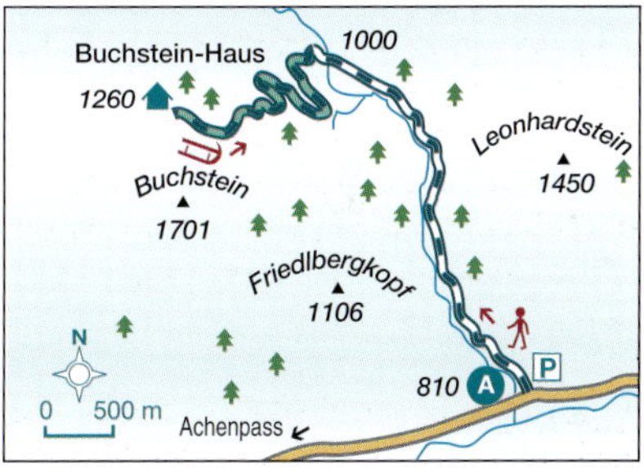

26 Hirschberg – Kreuth

Eine der längsten und schönsten Rodelbahnen im bayerischen Raum führt vom Hirschberg ins Tal. Seit vielen Jahren werden auf der etwa 5 km langen Rodelbahn Naturbahnrennen, an denen jeder teilnehmen kann, abgehalten. Eine empfehlenswerte landschaftlich reizvolle und rodlerisch anspruchsvolle Tour mit einigen Höhepunkten.

Aufstieg Vom Parkplatz in Scharling verläuft der Weg zunächst flach zum Waldrand. Hier steigt der Weg dann etwas an und führt die nächsten 20 Minuten zügig durch den Mischwald. Nach einer engen Linkskurve neben einem Bergbach wird der Forstweg etwas flacher um dann, 5 Minuten später, nach einer Rechtskurve wieder etwas steiler zu werden. Etwa 10 anstrengende Minuten sind es bis zur Lichtung der Holzpoint-Alm, dort hat man gut die Hälfte geschafft. Hier wird die Bahn flacher, nach 5 Minuten geht man an der unbewirtschafteten Alm vorbei. Wieder im Wald steigt der Weg etwas an, es folgen einige

Tourencharakter Die lange Rodeltour bietet sich für geübte Rodler und auch größere Kinder an; die unter dem Stichpunkt Abfahrt näher bezeichneten Sperrzeiten sind zu beachten. Anstieg und Rodelbahn befinden sich auf einer gemeinsamen Trasse, deshalb sollte man aufmerksam hochwandern und vorausschauend abfahren. Bei der Weiterwanderung zum Hirschberghaus sollte man Grödel, Skistecken und Schlittenschloss nicht vergessen.
Inoffizielle Rodelbahn, nicht unbedingt geräumt.

Schwierigkeitsgrad: 2
Ausgangsort: Kreuth-Scharling
Anfahrt: Autobahn A 8 München – Salzburg bis zur Ausfahrt Holzkirchen, dann über Bad Wiessee oder über Tegernsee nach Kreuth (Richtung Achenpass). Nach dem Ortsteil Reitrain rechts Richtung Scharling abbiegen, Parkplatz für Rodelbahn direkt hinter dem Ortsschild von Scharling. Mit der Bahn bis Tegernsee, umsteigen in Bus 9556, Ausgangspunkt Scharling, Hirschbergstraße.
Einkehren: Ganz gemütlich ist es beim Gasthaus zum Hagn der Familie Nocker (Tel. 08022/6248), auf der alten Straße Richtung Rottach-Egern, Tegernseer Straße 30,ab und zu gibt es Zithermusik, Ruhetag: Montag.
Höhenunterschied: 600 m
Gesamtdauer: Aufstieg 1 Stunde 30 Minuten, Abfahrt 10 Minuten
Länge: 4,5 km
Durchschnittsgefälle: 13 %
Karte: Topografische Karte Mangfallgebirge, Maßstab 1:50 000, Bayerisches Landesvermessungsamt München
Fremdenverkehrsamt: Kurverwaltung Kreuth, Nördliche Hauptstraße 3, 83708 Kreuth am Tegernsee, Tel. 08029/ 1819, Fax 1828, E-Mail info@kreuth.de, Internet www.kreuth.de

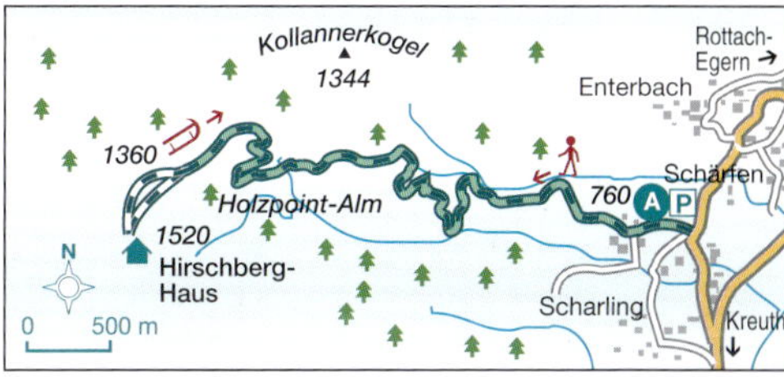

Kehren im Bergwald. Nach insgesamt eineinhalb Stunden haben wir unser Ziel, den Schuppen für die Materialseilbahn der Hirschbergbahn, erreicht. Von hier aus kann man (ohne Schlitten) zum Hirschberghaus weiterwandern. Der Steig über den Kratzer kann im Winter recht ausgesetzt und vereist sein, am besten Grödel und Skistecken mitnehmen, mit Kindern ist der Weg nicht zu empfehlen. Der andere Weg führt vom Wendeplatz rechts ab und kann im Frühjahr lawinengefährdet sein. Auf beiden Wegen rechnet man mit einer knappen Stunde bis zum Hirschberghaus.

Das geräumige **Hirschberghaus** (1520 m) wird von Familie Maier, Tel. 08029/465, routiniert bewirtschaftet. Übernachtungsmöglichkeit gibt es in 21 Betten und 45 Lagern. Täglich geöffnet, Ruhetag: Dienstag.

Abfahrt Achtung, von 0–12 Uhr ist die Rodelbahn geschlossen und für Transportfahrten der Anlieger reserviert. Von dem Wendeplatz vor der Materialseilbahn aus geht es flott durch den Bergwald hinab. Je nach Schneelage wird man bei der Holzpoint-Alm ein Stück ziehen müssen. Nach den Almwiesen folgt ein kleines Steilstück mit mehreren Kurven. Am Ende dieses Teilstücks folgt eine scharfe Linkskurve, nach 300 m folgt eine Rechtskurve vor dem Bach (Achtung!), danach führt der Weg mit gutem Gefälle ins Tal. Die letzten Meter bis zum Parkplatz muss man den Schlitten ziehen.

Aufstieg zum Hirschberg

27 Setzberg – Kreuth

Stille Wege unterm Setzberg: Die Rodelbahn unterm Setzberg kann weder mit einer spektakulären Aussicht, noch mit einer zünftigen Hütte aufwarten, dafür findet derjenige, der die Waldeinsamkeit genießen kann, eine beschauliche Tour unter hohen Fichten.

Aufstieg Vom Gasthaus Batzenhäusl folgen wir dem Weg, der senkrecht von der Hauptstraße wegführt. Bei der ersten Weggabelung nach ein paar Metern halten wir uns rechts und biegen bei der Abzweigung nach ein paar Minuten wieder rechts ab. Vor dem Bauernhof führt der Weg nach links, an einer Kapelle vorbei zum Waldrand, den man nach 5 Minuten erreicht hat. Im Wald schlängelt sich der Weg mit mäßiger Steigung bergauf, nach insgesamt einer halben Stunde folgt ein gerades Stück und die Bahn wird etwas steiler. Nach 10 Minuten ziehen wir unseren Schlitten durch eine scharfe Rechtskur-ve, 5 Minuten später schwenkt unser Weg etwas nach links. Jetzt sind es noch etwa 10 Minuten bis zum Zielpunkt, einer kleinen Jagdhütte. Bis hier ist die Rodelbahn in der Regel geräumt; erlauben es die Schneeverhältnisse, kann man noch etwa 700 m bis zu einer Weggabelung weiterwandern. Dort findet man auch einen schönen Platz zum Brotzeitmachen.

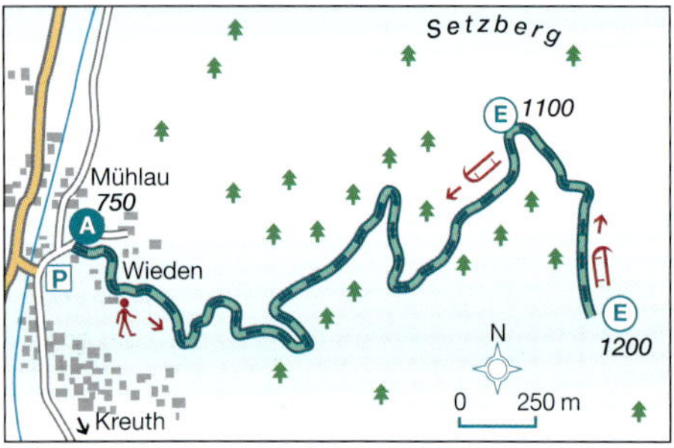

Abfahrt Die Rodelbahn ist, abhängig von den Schneeverhältnissen, als nicht sehr schwierig einzustufen. Von der Jagdhütte geht es zunächst mit mäßigem Gefälle bergab, es folgt eine Rechtskurve und gleich darauf eine Kehre nach links, dann wird die Abfahrt ein wenig schneller.
Nach einer Linkskehre, fast am Bach, folgt ein kurviger Abschnitt, ab hier ist der Weg wieder gemäßigt. Außerhalb des Waldes, kurz vor dem Ort sollte man auf Pkw-Gegenverkehr achten.

TIPP Kreuth ist ein Eldorado für Liebhaber von Pferdeschlitten. Wer in Decken eingewickelt durch eine zauberhafte Winterlandschaft hinter den Hinterteilen von prächtigen Pferden fahren will, hat in Kreuth vielfach Gelegenheit dazu.

Acht Anbieter von Pferdeschlittenfahrten bieten ihre Dienste an: Josef Bierschneider, Am Kirchberg 10, Tel. 08029/232, Georg Flossmann, Wildbad Kreuth, Tel. 08029/1218, Josef Gloggner, Am Kirchberg 12, Tel. 08029/290, Toni Mehringer, Am Kirchberg 6, Tel. 08029/580, Alfons Meßner, Wildbad Kreuth 6, Tel. 08029/1228, Leonhard Walch, Mühlauerweg 1a, Tel. 08029/423, Georg Hagn, Danzlhof, Tel. 08029/520.

Im Hochwald unterhalb des Setzbergs

Tourencharakter Sanftes Gefälle und sachter Aufstieg machen diese Tour sehr familienfreundlich, ein Ausflug um Spaß am Rodeln zu gewinnen und für die spektakuläreren Rodelbahnen zu trainieren; Brotzeit nicht vergessen! Anstieg und Rodelbahn befinden sich auf einer gemeinsamen Trasse, deshalb sollte man aufmerksam hochwandern und vorausschauend abfahren.
Offizielle Rodelbahn, meist geräumt.

Schwierigkeitsgrad: 1–2
Ausgangsort: Kreuth
Anfahrt: Autobahn A 8 München – Salzburg bis zur Ausfahrt Holzkirchen, dann über Bad Wiessee oder über Tegernsee nach Kreuth (Richtung Achenpass). In der Ortsmitte links über die Riedlerbrücke, vorbei am Gasthof Batzenhäusl, dort parken. Mit der Bahn bis Tegernsee, umsteigen in Bus 9556, Haltestelle Kreuth-Riedlerbrücke, vorbei am Gasthof Batzenhäusl zur Ortsstraße »In der Wieden«.
Einkehren: Sehr gemütlich kann man im Café Riedlerstuben bei der Familie Hörth, Tel. 08029/1243, Rainer-Alm-Weg 3, einkehren.
Höhenunterschied: 320 (420) m
Gesamtdauer: Aufstieg 1 Stunde (1 Stunde 15 Minuten), Abfahrt 10 Minuten
Länge: 2,8 (3,5) km
Durchschnittsgefälle: 11 %
Rodelverleih: Am Kirchberg-Liftstüberl in Kreuth bei Herrn Sennhofer, Tel. 08029/495, und am Hirschbergliftstüberl in Scharling bei Frau Schönberger, Tel. 08029/1025
Karte: Topografische Karte Mangfallgebirge, Maßstab 1:50 000, Bayerisches Landesvermessungsamt München
Fremdenverkehrsamt: Kurverwaltung Kreuth, Nördliche Hauptstr. 3, 83708 Kreuth am Tegernsee, Tel. 08029/ 1819, Fax 1828, E-Mail info@kreuth.de, Internet www.kreuth.de

28 Neureut – Tegernsee

Seit Generationen gilt er als der Schlittenberg am Tegernsee. Unsere Großeltern haben sich schon über die Steilstellen und die Serpentinen hoch über dem Tegernsee geplagt. Aber das Panorama auf der Terrasse mit der hervorragenden Aussicht auf das Mangfallgebirge entschädigt reichlich für jede Mühe.

Aufstieg Der Weg auf die Neureut ist bereits im Ortskern von Tegernsee ausgeschildert. Der Winterweg ist dem Sommerweg, der ziemlich steil und über Stock und Stein führt, auf alle Fälle vorzuziehen. Vom Wanderparkplatz aus, direkt hinter dem Gasthof Lieberhof führt der Weg auf die Neureut zunächst links, dann rechts des Baches im lichtem Bergwald zügig aufwärts. Nach etwa 10 Minuten macht der Weg eine scharfe Rechtsbiegung, ab dann führt er etwas gemütlicher in langen Serpentinen durch den Wald. In diesem Bereich ist besondere Vorsicht auf entgegenkommende Rodler angebracht. Nach einer Gesamtgehzeit von einer Dreiviertelstunde wird der Weg flacher, die letzten 10 Minuten sind wieder etwas steiler; es geht außerhalb des Waldes über Almwiesen weiter. Nach einer guten Stunde erreicht man die Berggaststätte Neureut.

> Die **Berggaststätte Neureut** (1264 m) ist ein schön gelegenes Wirtshaus mit großer Aussichtsterrasse und Blick auf das Mangfallgebirge. Bewirtschaftet wird es von der Familie Fink, Tel. 08022/4408. Es gibt keine Übernachtungsmöglichkeit Geschlossen ist die Gaststätte von ca. 1. bis einschließlich 25. Dezember und nach Ostern. Montag Ruhetag.

Abfahrt Direkt unterhalb der Gaststätte beginnt eine flotte Abfahrt, zuerst noch über Wiesen, kurze Zeit im Wald; später wird die Strecke etwas unübersichtlich, deshalb entweder laut rufen oder langsam fahren. Der weitere Teil der Rodelbahn bietet kräftiges Gefälle und einige scharfe Kehren; es gilt aufzupassen, damit man nicht im Wald landet.

Neureut

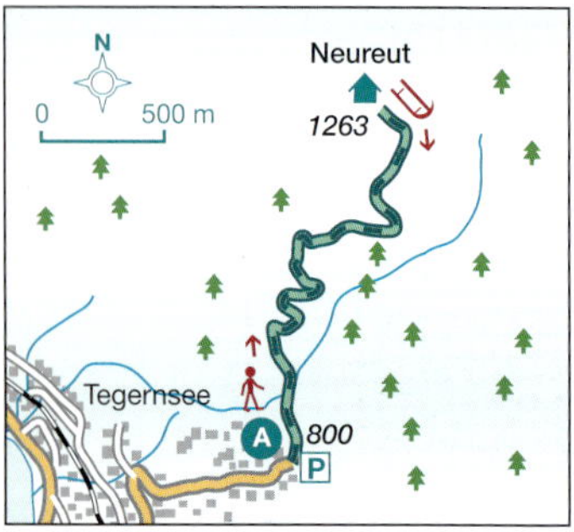

28

Ausgelassener Rodelspaß

Nach der letzten scharfen Linkskurve fährt man flott links des Bergbachs entlang. Der könnte Wasser führen, man sollte ihm nicht zu nah kommen. Nach der Brücke geht es ohne Unterbrechung fast bis zum Parkplatz, nur die letzten paar Meter muss man den Rodel ziehen.

TIPP Das Olaf-Gulbransson-Museum (Tel. 08022/33 38) im Kurgarten erinnert an den außergewöhnlichen Zeichner der Satire-Zeitschrift Simplicissimus, der hier am Tegernsee zeitweise sein Zuhause fand. Gelegentlich kann man Sonderausstellungen zeitgenössischer Zeichner bewundern. Geöffnet täglich außer Montag 10–17 Uhr.

Tourencharakter Eine längere, durchaus anspruchsvolle Tour für Geübte und Familien mit größeren Kindern teilweise auch etwas steiler; bei Vereisung gefährlich! Anstieg und Rodelbahn befinden sich auf einer gemeinsamen Trasse, deshalb sollte man aufmerksam hochwandern und vorausschauend abfahren.
Offizielle Rodelbahn, meist geräumt.

Schwierigkeitsgrad: 3
Ausgangsort: Tegernsee
Anfahrt: Autobahn A 8 München – Salzburg bis Holzkirchen, rechts Richtung Tegernsee, in Tegernsee Richtung Bahnhof, dort Neureutstraße bergauf, nach ca. 1,5 km rechter Hand Wanderparkplatz. Mit der Bahn bis Tegernsee, vom Bahnhof 10 Minuten bis zum Wanderparkplatz.
Einkehren: Direkt unterhalb des Wanderparkplatzes befindet sich der Gasthof Lieberhof der Familie Hailer (Tel. 08022/41 63) mit gutbürgerlicher Küche, hier kann man auch übernachten. Ruhetag: Montag, Dienstag.
Höhenunterschied: 450 m
Gesamtdauer: Aufstieg 1 Stunde 10 Minuten, Abfahrt 15 Minuten
Länge: 3 km
Durchschnittsgefälle: 15 %
Karte: Topografische Karte Mangfallgebirge, Maßstab 1:50 000, Bayerisches Landesvermessungsamt München
Fremdenverkehrsamt: Kuramt Tegernsee, Hauptstraße 2, 83684 Tegernsee, Tel. 08022/2 73 80, Fax 9 27 38 22, E-Mail info@tegernsee.de, www.tegernsee.de

29 Galaun-Alm – Rottach-Egern

Hoch überm Tegernsee zwischen Bergen und Bäumen versteckt sich die kleine gemütliche Galaun-Alm. Von dort hat man zwar keine spektakuläre Aussicht, aber viel, viel Wald. Und zwischen all diesen Bäumen schlängelt sich eine schnelle Abfahrt.

Aufstieg Der Weg vom Parkplatz auf den Riederstein führt gleich mit kräftiger Steigung zwischen den letzten Häusern von Rottach-Egern bergauf. Bei der Weggabelung nach etwa 5 Minuten wandert man geradeaus. Durch hohe Fichten geht der Weg unvermindert weiter zügig bergauf. Ist man etwa 15 Minuten unterwegs, macht der Weg einen kurzen Schlenker zu einer Almwiese mit schöner Sicht über den Tegernsee. Durch den folgenden Wald führt der Weg gleichmäßig steil weiter, nach etwa einer knappen halben Stunde wird er etwas flacher. Linker Hand steht eine kuriose Zwillingsbuche. Nochmals überqueren wir eine kleine Lichtung, dann steigt der Weg wieder an. 10 Minuten später sind wir am Ziel.

Auf einer Lichtung liegt malerisch in eine Mulde geduckt die **Galaun-Alm** (1060 m). Bewirtschaftet wird sie von der Familie Wagner, Tel. 08022/273022. Übernachten kann man in einem der 20 Lager.

Abfahrt Von der Galaun-Alm geht es gleich ziemlich flott runter, bis uns die erste Lichtung eine kleine Verschnaufpause gönnt. Nach dem kurzen flacheren Stück folgt ein Abschnitt mit gutem Gefälle, der auf der zweiten Lichtung in ein paar kräftigen Kurven ausläuft.

Rodelbahn an der Galaun-Alm

29

Tourencharakter Flotte Abfahrt auf schmalem, auf langen Abschnitten übersichtlichem Waldweg, nicht sehr schneesicher, da auf der Südseite des Riedersteins gelegen. Anstieg und Rodelbahn befinden sich auf einer gemeinsamen Trasse, deshalb sollte man aufmerksam hochwandern und vorausschauend abfahren.
Offizielle Rodelbahn, meist geräumt.

Schwierigkeitsgrad: 2
Ausgangsort: Rottach-Egern
Anfahrt: Autobahn A 8 München – Salzburg bis zur Ausfahrt Holzkirchen, dann über Bad Wiessee oder über Tegernsee nach Rottach-Egern, in die Riedersteinstraße bis zum Wanderparkplatz. Mit der Bahn bis Tegernsee, hier Bus 9560 nach Rottach-Egern.
Einkehren: Restaurant Café Alpenwildpark, Tel. 08022/ 58 32, Am Höhenrain 1, Ruhetage: Mi. u. Do.

Höhenunterschied: 280 m
Gesamtdauer: Aufstieg 50 Minuten, Abfahrt 5 Minuten
Länge: 1,7 km
Durchschnittsgefälle: 16 %
Karte: Topografische Karte Mangfallgebirge, Maßstab 1:50 000, Bayerisches Landesvermessungsamt München
Fremdenverkehrsamt: Kuramt Tegernsee, Hauptstraße 2, 83684 Tegernsee, Tel. 08022/2 73 80, Fax 9 27 38 22, E-Mail info@tegernsee.de, Internet www.tegernsee.de

Das letzte Drittel ist unvermindert steil und leicht kurvig, vor der Ausfahrt zum Parkplatz wird es schmal; es ist anzuraten, rechtzeitig abzubremsen.

TIPP Hoch in der Luft und frei wie ein Vogel – wer sich traut, kann mit dem Gleitschirm vom Wallberg fliegen, Tandemflüge bietet die Gleitschirmschule Tegernseer Tal, Peter Rummel, Tegernseer Straße 88, 83700 Rottach-Egern-Reitrain, Tel. 08022/25 56, an.
Ballonfahren ist inmitten der Alpenkulisse, zwischen 150 und 3000 Meter über dem Grund, bei guter Fernsicht sicher ein Erlebnis, das man nicht so schnell vergisst. Eine Ballonfahrt kostet 190,– Euro pro Person, Dauer ca. 1–1,5 Stunden, eine Alpenfahrt 290,– Euro pro Person, Dauer ca. 2–2,5 Stunden. Voranmeldung ist notwendig. Insgesamt sollte man ca. 4–5 Stunden Zeit mitbringen, so lange dauert das gemeinsame Aufrüsten des Ballons, die Fahrt, das Abbauen, die Ballonfahrertaufe und die Fahrt mit dem Verfolgerfahrzeug zurück zum Ausgangspunkt. Im Winter startet der Ballon mittags vom Startplatz Kirchsee/ Kloster Reutberg oder im Tegernseer Tal (andere Startplätze auf Anfrage). www.balloning-tegernsee.de

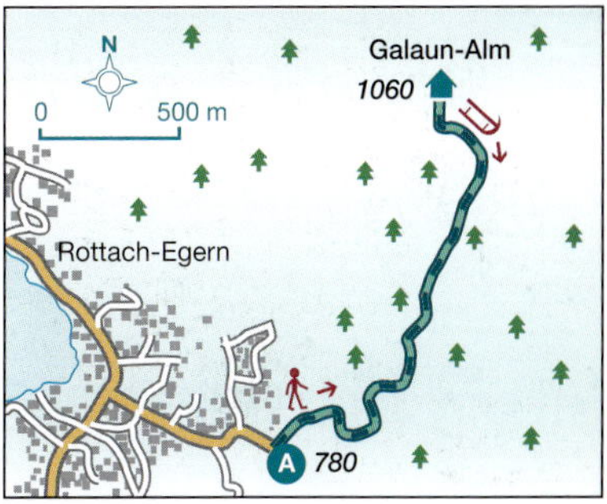

30 Huberspitz – Hausham

Eine längere, wenig frequentierte Rodelstrecke führt von dem alten Bergwerksort Hausham auf die Huberspitz, einem Vorberg ohne spektakuläre Aussicht; jedoch bietet sich eine durchaus abwechslungsreiche Tour mit einer urigen Hütte und schöner Abfahrt auf einer breiten Forststraße.

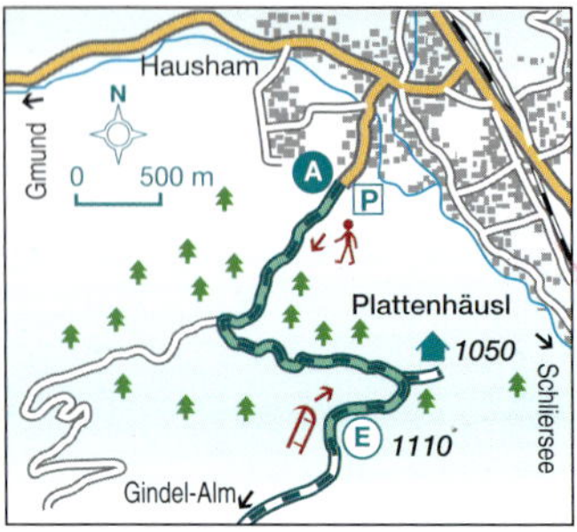

Aufstieg Ab dem Wanderparkplatz ist der Weg auf die Huber-spitz kaum zu verfehlen, über eine Almwiese führt die Forststraße in den Fichtenmischwald, den man nach 5 Minuten erreicht. Bei sanfter Steigung zieht man den Schlitten 15 Minuten bis zu einer Weggabelung weiter, dort halten wir uns links. Nun wird der Weg steiler, nach etwa 10 Minuten wieder flacher. Ist man insgesamt 50 Minuten unterwegs, zweigt links der Weg zum Plattenhäusl ab. Im weiteren Verlauf keine größeren Höhenschwankungen: die letzten 5 Minuten zum Plattenhäusl.

Gut ins Ziel gekommen

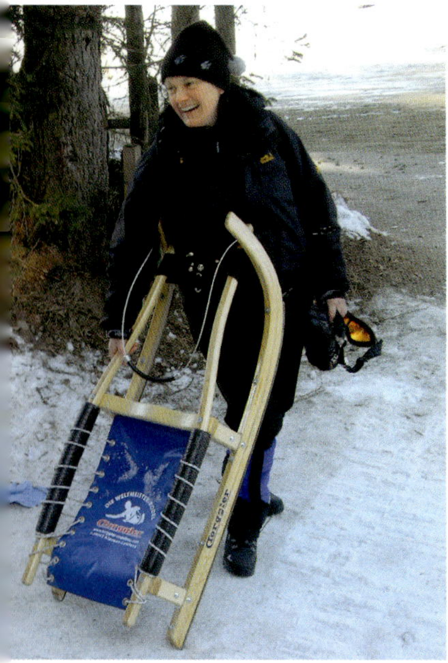

Variante: Für Eilige, die ihren Schlitten auf dem Rücken hochtragen wollen, gibt es einen schmalen schnelleren Weg: vom Bahnhof ein kurzes Stück Richtung Schliersee, dann rechts in die Naturfreundestraße, an der Kirche vorbei und geradeaus über die Schlierach in den Huberspitzweg. Kann aber ziemlich vereist sein.

Abfahrt Erstmal heißt es den Schlitten zurück auf die Fahrstraße zu ziehen. Der Genießer wird dafür Anlauf nehmen: Er geht Richtung Gindl-Alm bis zum Buswendeplatz und fährt von dort ab oder versteckt den Schlitten und wandert zur Gindl-Alm (Wochenende geöffnet, Tel. 0161/ 1 80 53 65) weiter. Zurück zur Abfahrt: Ein kleiner Abschnitt ist richtig steil, ab der Kehre geht es flacher, aber zügig bergab. Aufpassen, es gibt hier offiziellen Anliegergegenverkehr.

Das neugebaute **Berggasthaus Huberspitz** (1050 m) liegt idyllisch mitten in einer Lichtung auf der Huberspitz wird bewirtschaftet von Familie Tippl (08026/929751).
Es besteht Übernachtungsmöglichkeit in 16 Betten. Und als besonderes Schmankerl zum Verwöhnen werden verschiedene Wellnessmassagen angeboten. Geöffnet Mi bis Sa 11–23 Uhr, Sonntag 10–23; www.huberspitz.de

TIPP Als ein Haushamer Wahrzeichen erinnert der Förderturm des Klenzeschachtes ist an die über 100-jährige Bergbauzeit des Ortes. Im Kellergeschoss des Haushamer Rathauses kann man sich jeden 1. Samstag im Monat von 14 bis 16 Uhr in die Geschichte des Kohlebergbaus von Hausham vertiefen. Grubenwerkzeuge, Kartenmaterial, Fossilien- und Mineraliensammlungen, Modelle, Fotos, Dias und Filme, sowie die Nachbildung eines Abbauortes veranschaulichen die harte Arbeit der Kumpel unter Tage.

Tourencharakter Dieser Ausflug eignet sich auch für größere geübte Kinder, denen man allerdings unbedingt einschärfen sollte, dass auf der gesamten Strecke mit Kfz-Verkehr zu rechnen ist (Gegenverkehr durch Anlieger). Anstieg und Rodelbahn befinden sich auf einer gemeinsamen Trasse, deshalb sollte man aufmerksam hochwandern und vorausschauend abfahren. Wer zur Gindl-Alm weiterwandern und sich um den wertvollen Schlitten keine Sorgen machen will, sollte ein Schloss mitnehmen. Inoffizielle Rodelbahn, jedoch meist geräumt.

Schwierigkeitsgrad: 2
Ausgangsort: Hausham
Anfahrt: Autobahn A 8 München – Salzburg bis zur Ausfahrt Weyarn, weiter Richtung Miesbach, von dort Richtung Bayrischzell, in Hausham Richtung Gmund, nach 500 m links die Alpenstraße bis zum Wanderparkplatz (600 m). Zug nach Hausham, vom Bahnhof 700 m Richtung Gmund, dann links die Alpenstraße bis zum Parkplatz.
Höhenunterschied: 250 m
Gesamtdauer: Aufstieg 1 Stunde, Abfahrt 10 Minuten
Länge: 2,6 km
Durchschnittsgefälle: 7 %
Karte: Topografische Karte Mangfallgebirge, Maßstab 1:50 000, Bayerisches Landesvermessungsamt München
Fremdenverkehrsamt: Kurverwaltung Schliersee, Bahnhofstraße 11a, 83722 Schliersee, Tel. 08026/606 50, Fax 60 65 20, E-Mail tourismus@schliersee.de, Internet www.schliersee.de

31 Bodenschneidhütte – Schliersee

Die Rodelbahn unter der Bodenschneidhütte führt im ersten Abschnitt sonnig und landschaftlich sehr reizvoll an einem Bergbach entlang, später durch einen lockeren Bergmischwald und im letzten Teil über weite verschneite Almwiesen in sanfter Hügellandschaft.

Die **Bodenschneidhütte** (1365 m), eine gemütliche Alpenvereinshütte, ist ohne Ruhetag ganzjährig geöffnet, sie wird von der freundlichen Familie Gerweck (Tel. 08026/46 92) bewirtschaftet. Es gibt Übernachtungsmöglichkeit (in 18 Betten in Ein- und Zweibettzimmern sowie in 31 Lagern).

Aufstieg Vom Wanderparkplatz geht man rechts entlang des Dürnbachs und folgt dem gut ausgeschilderten Forstweg. Anfangs schlängelt sich der Weg in einem sonnigen Taleinschnitt am Bach entlang und man erreicht nach etwa einer halben Stunde eine Weggabelung. Je nach Schneeverhältnissen nimmt man die Abkürzung geradeaus oder folgt dem Forstweg nach rechts. Auf diesem hält man sich bei den zwei folgenden Gabelungen an die Beschilderung bis man nach einer knappen Gesamtgehzeit von einer Stunde der Abzweigung nach rechts zur Bodenschneidhütte bzw. Rainer-Alm folgen kann.

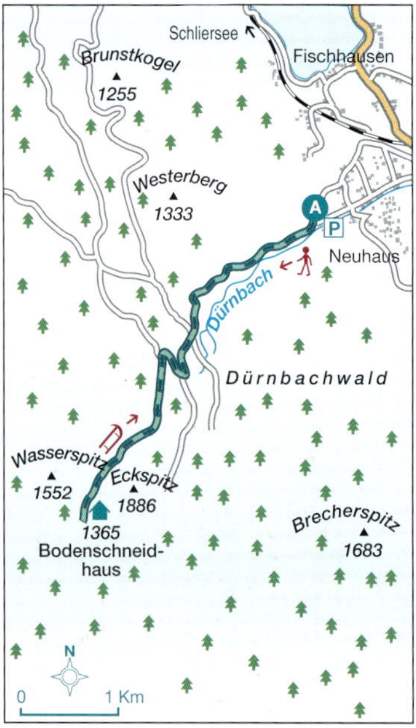

Tourencharakter Bis auf eine kurze Flachstelle eine ziemlich flotte Abfahrt, bei guten Schneeverhältnissen auch für geübte Kinder, im oberen Drittel steiler, bei schwierigen Bahnverhältnissen (Eis) für Kinder ungeeignet. Anstieg und Rodelbahn befinden sich auf einer gemeinsamen Trasse, deshalb sollte man aufmerksam hoch wandern und vorausschauend abfahren.
Inoffizielle Rodelbahn, nicht unbedingt geräumt.

Schwierigkeitsgrad: 3
Ausgangsort: Schliersee-Neuhaus
Anfahrt: Autobahn A 8 München – Salzburg bis zur Ausfahrt Weyarn, weiter durch Miesbach Richtung Bayrischzell, am Schliersee vorbei bis Neuhaus, in Neuhaus rechts Richtung Josefstal, kurz darauf wieder rechts Richtung Bodenschneidhütte zum Wanderparkplatz (begrenzte Zahl von Stellplätzen). Mit der Bahn bis Neuhaus, Ausgangspunkt ca. 10 Minuten zu Fuß.
Höhenunterschied: 500 m
Gesamtdauer: Aufstieg gut 1 Stunde 30 Minuten, Abfahrt 15 Minuten
Länge: 4,5 km
Durchschnittsgefälle: 11 %
Karte: Topografische Karte Mangfallgebirge, Maßstab 1:50 000 Bayerisches Landesvermessungsamt München
Fremdenverkehrsamt: Kurverwaltung Schliersee, 83722 Schliersee, Bahnhofstraße 11a, Tel. 08026/6 06 50, Fax 60 65 20,
E-Mail tourismus@schliersee.de,
Internet www.schliersee.de

Bodenschneidhaus

Startpunkt des Aufstiegs

Nun wird der Weg steiler. Von der unbewirtschafteten Rainer-Alm sind es noch 10 Minuten zwischen Almwiesen zum Bodenschneidhaus.

Abfahrt Die Abfahrt gestaltet sich anfangs recht zügig, nach der Reiser-Alm folgt ein steileres Stück im Wald, ab der Abzweigung nach links wird es flacher, ein paarmal wird man auch bei idealen Schneeverhältnissen den Schlitten ziehen müssen, nach etwa 10 Minuten ist wieder eine Abfahrt möglich. Achtung: Auf der gesamten Strecke ist Pkw-Gegenverkehr möglich (Anlieger und Hüttenwirt). Im letzten Abschnitt Tempo reduzieren, dort gibt es einige Stellen, an denen man in die Schlucht fallen könnte.

TIPP Wer sich mit der alten Kunst des Enzianbrennens näher beschäftigen will – ursprünglich war Enzianschnaps ein Heilmittel, das aus der Wurzel des gelben Enzians gewonnen wird –, hat in Schliersee Gelegenheit an einer Führung in einer Enzianbrennerei teilzunehmen (Freitag 15 Uhr, Samstag 11 Uhr): Josef Lantenhammer, Urtlbachstraße 1a, Tel. 08026/9 24 80

Obere First-Alm – Spitzingsee

32

Abseits des Skitrubels am Spitzingsee unter der Brecherspitze findet der Rodler eine Strecke mit familienfreundlichem Touch. Man wandert auf nicht sehr steilem, sonnigem Forstweg mit schönem Ausblick auf den Spitzingsee, im Hintergrund das Mangfallgebirge.

Aufstieg Direkt am Spitzingsattel beginnt der Weg zur Oberen First-Alm mit gleichmäßiger erträglicher Steigung. Durch lichten Mischwald steigt er die nächste halbe Stunde gleichmäßig an. Zwischen den Bäumen erhascht man immer wieder einen Blick auf den Spitzingsee und die gegenüberliegenden Berge, Taubenstein, Stolzenstein und Stümpfling. Nach insgesamt 35 Minuten ist der Weg eben, nach weiteren 5 Minuten steigt er wieder kurz an, dann stehen wir bereits vor unserem Ziel.

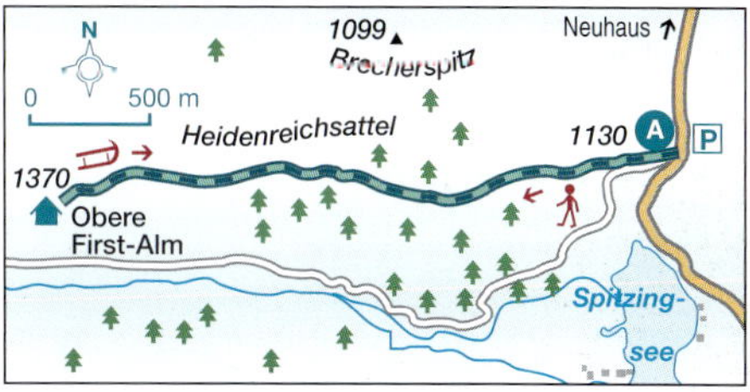

Abfahrt Ein kleines Stück nach der Hütte fängt die Bahn zunächst flott an, kurz darauf müssen wir unseren Schlitten für etwa knapp 10 Minuten ziehen.

Tourencharakter Leichte Familientour ohne sonderliche Schwierigkeiten, wegen der Südlage morgens manchmal vereist. Anstieg und Rodelbahn befinden sich auf einer gemeinsamen Trasse, deshalb sollte man aufmerksam hochwandern und vorausschauend abfahren.
Offizielle Rodelbahn, meist geräumt.

Schwierigkeitsgrad: 2–3
Ausgangsort: Neuhaus-Spitzingsee
Anfahrt: Autobahn A 8 München – Salzburg bis zur Ausfahrt Weyarn, weiter durch Miesbach Richtung Bayrischzell, am Schliersee vorbei, nach Neuhaus rechts Richtung Spitzingsee bis zum Spitzingsattel (begrenzte Zahl von gebührenpflichtigen Parkplätzen). Mit der Bahn bis Neuhaus, umsteigen in Bus 9562 bis Spitzingsattel.
Einkehren: Eine schönes Wirtshaus gibt es in Geitau, ein kurzes Stück Richtung Bayrischzell, dann rechts, Gaststätte Aiplspitz (Tel. 08023/646) bayerische Küche, Ruhetag: Montag.
Höhenunterschied: 240 m
Gesamtdauer: Aufstieg 45 Minuten, Abfahrt 5 Minuten
Länge: 2,5 km
Durchschnittsgefälle: 10 %
Karte: Topografische Karte Mangfallgebirge, Maßstab 1:50 000, Bayerisches Landesvermessungsamt München
Fremdenverkehrsamt: Kurverwaltung Schliersee, Bahnhofstraße 11a, 83722 Schliersee, Tel. 08026/ 6 06 50, Fax 60 65 20, E-Mail tourismus@schliersee.de, Internet www.schliersee.de

Obere First-Alm

Dann führt die Bahn mit wenigen kleinen Kurven bis zum Spitzingsattel hinunter. Es wandern einige Fußgänger und Tourenskifahrer diesen Weg hinauf, gut Acht geben und laut rufen, damit ja keiner überfahren wird! Besonders am Ende der Bahn sollte man unbedingt sein Tempo reduzieren, denn es geht direkt auf die viel befahrene Straße am Spitzingsattel zu (Kinder vorwarnen).

Die **Obere First-Alm** (1370 m) liegt inmitten des Suttenskigebiets. Da die Skifahrer diese gemütliche Hütte als Verpflegungsstützpunkt schätzen, kann es mittags zu Versorgungsengpässen kommen, unter denen auch die Rodler zu leiden haben. Aber auch in solchen Situationen versucht die Familie Votteler (Tel. 08062/ 97 79 44, Internet www.obere-firstalm.de) ihr Möglichstes, um ihre Gäste zufrieden zu stellen. Übernachtungsmöglichkeit gibt es in insgesamt 70 Betten und Lagern. Hier können auch Rodel ausgeliehen werden. Geöffnet ist ganzjährig ohne Ruhetag von 10–17 Uhr.

TIPP Die älteste Kirche weit und breit ist St. Martin in Westenhofen, das schon im 8. Jh. gegründet wurde und damit fast ebenso alt ist wie das Kloster Schliers. Bis ins 19. Jh. war dieses Gotteshaus Pfarrkirche, heute ist es ein wenig vergessen. Auf dem Friedhof ist der legendäre und viel besungene Wildschütz Jennerwein begraben, den man 1877 hinterrücks erschossen auf dem Peißenberg auffand. Sein Grab kann heute noch besichtigt werden.

Alte Spitzingseestraße – Schliersee 33

Bis zur Mitte des 20. Jh. war die alte Spitzingseestraße die offizielle Verbindung zum Spitzingsee. Dann wurde zwei Kilometer weiter mit großer Mühe eine neue Straße in den Fels gesprengt. Übrig geblieben ist ein romantischer Waldweg mit einem Hauch von Nostalgie und eine flotte Rodelbahn.

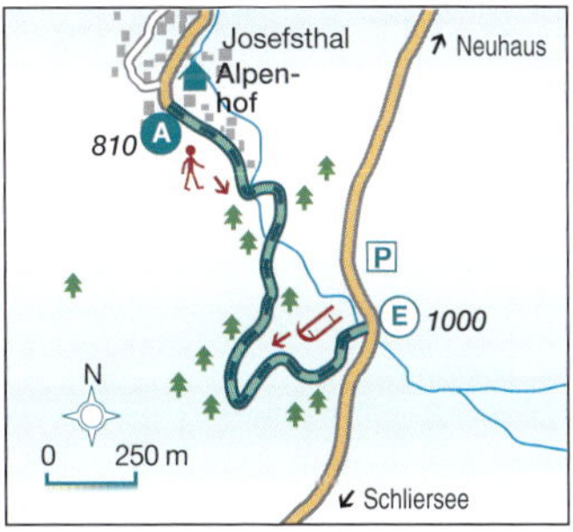

Aufstieg Am Bach, der breit unter dem urigen Gasthaus Alpenhof hindurchfließt, führt der Weg entlang bis zu einer Brücke. Diese überqueren wir nach links. Nach den letzten Häusern von Neuhaus öffnet sich das Tal zu einer weiten Almfläche. Der Weg steigt zuerst sanft, dann, ab dem Waldrand nach 5 Minuten Fußmarsch, stärker an. Im Wald quert man wiederholt einen kleinen Bach und wir ziehen

Tourencharakter Wenn die Kinder etwas Übung haben, eignet sich die nicht sehr lange und schön gelegene Rodelbahn gut für einen Familienausflug. Die Eltern fahren ihre Sprösslinge möglicherweise zum Start der Rodelbahn an den kleinen Parkplatz an der neuen Spitzingseestraße und holen sie in Neuhaus wieder ab. Anstieg und Rodelbahn befinden sich auf einer gemeinsamen Trasse, deshalb sollte man aufmerksam hoch wandern und vorausschauend abfahren.
Inoffizielle Rodelbahn, nicht unbedingt geräumt.

Schwierigkeitsgrad: 2
Ausgangsort: Neuhaus
Anfahrt: Autobahn A 8 München – Salzburg bis zur Ausfahrt Weyarn, weiter durch Miesbach Richtung Bayrischzell, am Schliersee vorbei bis Neuhaus, in Neuhaus rechts Richtung Josefstal bis zum Alpenhof (begrenzte Zahl von Parkplätzen) oder die Spitzingseestaße nach oben und ca. 2,5 km nach der Abzweigung von der Straße nach Bayrischzell rechts auf den Wanderparkplatz. Mit der Bahn bis Schliersee oder Neuhaus, umsteigen in Bus 9562 bis Neuhaus-Telefonzelle, Ausgangspunkt ist der Alpenhof.
Höhenunterschied: 190 m
Gesamtdauer: Aufstieg 25 Minuten, Abfahrt 5 Minuten
Länge: 1,3 km
Durchschnittsgefälle: 14 %
Karte: Topografische Karte Mangfallgebirge, Maßstab 1:50 000, Bayerisches Landesvermessungsamt München
Fremdenverkehrsamt: Kurverwaltung Schliersee, Bahnhofstraße 11a, 83722 Schliersee, Tel. 08026/ 6 06 50, Fax 60 65 20, E-Mail tourismus@schliersee.de, Internet www.schliersee.de

Start der Rodelbahn Alte Spitzingseestraße

unseren Schlitten, immer noch auf guter Steigung, an einer Almwiese vorbei. Der kleine Wasserspeicher, an dem man nach insgesamt einer Viertelstunde vorbeigeht, zeigt, mit welcher Eleganz vor hundert Jahren selbst einfache Nutzgebäude errichtet werden konnten. Weitere 5 Minuten Fußweg bringen uns zu einer Lichtung mit einer Abzweigung, an der wir uns scharf links halten müssen. Kurz darauf ist man wieder im Wald und hat bald den Ausgangspunkt der Abfahrt, den Parkplatz an der neuen Spitzingseestraße, erreicht.

Abfahrt Die Abfahrt ist, wenn sie nicht vereist ist, unproblematisch, sie führt mit gleichmäßiger Steigung und im Wesentlichen übersichtlich ins Tal. Nach der Abzweigung im ersten Drittel der Strecke passiert man Felsen auf der rechten Seite; vermehrte Vorsicht ist geboten! Im Wald gibt es eine kräftige Kurve und am Ende der Bahn beiderseits des Weges Stacheldraht. Ab der Brücke hier gilt wieder die Straßenverkehrsordnung, also nicht zu schnell in die Straße am Schupfawirt reinschlittern.

TIPP An der kleinen Verbindungsstraße zwischen alter und neuer Spitzingseestraße befindet sich eine kleine alte Schmiede, in der man handgeschmiedete Pfannen und Werkzeuge erwerben kann.

Schliersberg-Alm – Schliersee

34

Eine der ältesten Rodelbahnen Oberbayerns führt von der Schliersberg-Alm ins Tal. Die Alm liegt traumhaft schön überm Schliersee. Der Kenner geht natürlich zu Fuß hinauf, aber man kann die Strecke auch mit der Seilbahn bewältigen.

Aufstieg Von der Kirche in Schliersee führt der Weg an der Seilbahn vorbei. Eine Weile geht es durch Wohngebiet, herrliche Lagen mit Blick über den Schliersee, dann in langem Bogen bergauf. Nach etwa

Die **Schliersberg-Alm** (1060 m) darf man sich weniger als Alm vorstellen, es ist ein Hotel am Berg. Im Restaurant isst man bayerisch-international, wenn die Beschallung mit Alpenliedern nicht allzu laut aufgedreht ist, ganz gemütlich. Im Hotel (Tel. 08026/67 22, Internet www.schliersbergalm.de) mit Tagungsräumen, Sauna und beheizbarem Freibad (im Winter geschlossen), Farbfernseher, Telefon und eigenem Bad auf jedem Zimmer. Hotel und Restaurant sind ganzjährig geöffnet.

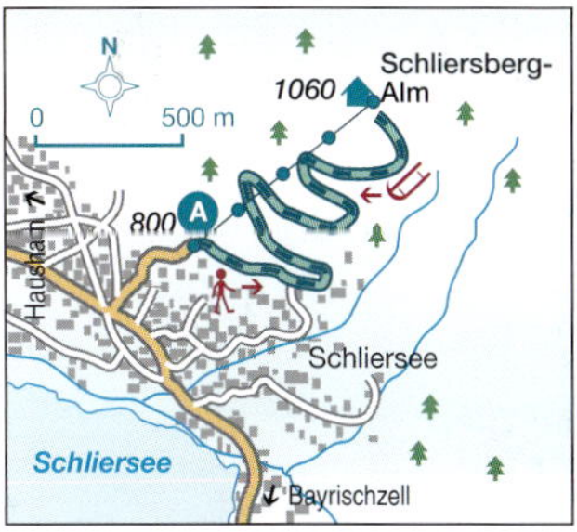

Tourencharakter In weiten Serpentinen schraubt sich der Weg auf die Schliersberg-Alm, fast während des gesamten Aufstiegs überblickt man den idyllischen See. Belohnt wird man von einer zünftigen Rodelbahn, die, abgesehen von einer kleinen Flachstelle, zügig ins Tal führt. Wegen der Südwestexposition ist die Rodelbahn nicht sehr schneesicher. Anstieg und Rodelbahn befinden sich auf einer gemeinsamen Trasse, deshalb sollte man aufmerksam hoch wandern und vorausschauend abfahren. Inoffizielle Rodelbahn, nicht unbedingt geräumt.

Schwierigkeitsgrad: 2–3
Ausgangsort: Schliersee
Anfahrt: Autobahn A 8 München – Salzburg bis zur Ausfahrt Weyarn, weiter durch Miesbach Richtung Bayrischzell, in Schliersee Ortsmitte links abbiegen, zur Kirche, Parkplätze sind rar! Mit der Bahn bis Schliersee, dann der Wegweisung folgen.
Einkehren: Gediegen und gut bürgerlich isst man im Gasthof Post, Rathausstraße 3, Schliersee, Tel. 08026/40 11.
Höhenunterschied: 260 m
Gesamtdauer: Aufstieg 40 Minuten, Abfahrt 5 Minuten
Länge: 2,3 km
Durchschnittsgefälle: 11 %
Karte: Topografische Karte Mangfallgebirge, Maßstab 1:50 000, Bayerisches Landesvermessungsamt München
Fremdenverkehrsamt: Kurverwaltung Schliersee, Bahnhofstraße 11 a, 83722 Schliersee, Tel. 08026/6 06 50, Fax 60 65 20, E-Mail tourismus@schliersee.de, Internet www.schliersee.de

34

10 Minuten hat man die Häuser hinter sich gelassen und stapft zwischen Almwiesen zügig bergan. Von nun an hat man immer wieder einen herrlichen Ausblick auf das Mangfallgebirge, die Baumgartenschneid und Brecherspitze. Nach insgesamt 25 Minuten unterqueren wir die Seilbahn, der Weg macht eine Kehre und nach weiteren 10 Minuten eine weitere. Die schöne Ahornreihe auf der linken Wegseite ist vermutlich beim Bau der Alm 1902 gepflanzt worden. Es folgt eine weitere Kehre und man sieht, 40 Minuten unterwegs, das Ziel vor sich. Der Weg führt nach weiteren 5 Minuten von hinten zur Schliersberg-Alm. Vor dem Hotelkomplex wird der idyllenverwöhnte Rodler von einem kleinen Vergnügungspark befremdet, der dort oben ziemlich fehl am Platz wirkt. Der in Geschmacksfragen neutrale Schnee deckt ihn im Winter großzügig zu.

Abfahrt Man kann, wenn man links der Einfahrt zur Schliersberg-Alm noch einige Minuten hochgeht, etwas Anlauf holen, um dann mit beachtlichem Tempo runterzusausen. Links und rechts des Wegs bis zum Beginn der Häuser könnte uns Stacheldraht empfindlich bremsen, also bitte nichts übertreiben. Etwa 5 Minuten führt der Weg gut bergab, zwischendrin eine Kehre, dann muss man vor der nächsten Kehre den Schlitten 3 Minuten ziehen und kurze Zeit später mit erhöhter Vorsicht rodeln; im Wohngebiet gibt es Gegenverkehr durch Fußgänger und Anlieger. Je nach Schneeverhältnissen wird man ganz nach unten rodeln können oder den Schlitten ziehen müssen.

TIPP Mitten in Schliersee überragt die prächtige St.-Sixtus-Kirche den alten Dorfkern. Das Kirchenschiff aus dem 18. Jh. wurde in Rokokomanier ausgeschmückt, die Deckengemälde und dezenten Stuckaturen schuf Johann Baptist Zimmermann.

Mini-Disneyland am Schliersberg

Kessel-Alm – Birkenstein

35

Hoch über der Wallfahrtskirche Birkenstein findet der geübte Rodler eine recht flotte Bahn. Liebhaber von Kurvenstrecken kommen hier zum Zug, versüßt wird der etwas anstrengende Aufstieg durch eine klassisch schöne Fernsicht von einer urigen Hütte aus.

Aufstieg Vom Wanderparkplatz aus kurz nach der Wallfahrtskirche geht man zurück auf die Straße, dann rechts den Forstweg hinauf. Vorerst zieht sich der Weg mit mäßiger Steigung durch den Wald nach oben. Nachdem man sich etwas eingelaufen hat, wird der Weg langsam steiler. Nach insgesamt einer Viertelstunde kommt eine Weggabelung, bei der man sich rechts hält. In den nächsten 15 Minuten, die etwas flacher sind, holt man ein bisschen Schwung, um das steilere Stück in der folgenden halben Stunde gut zu

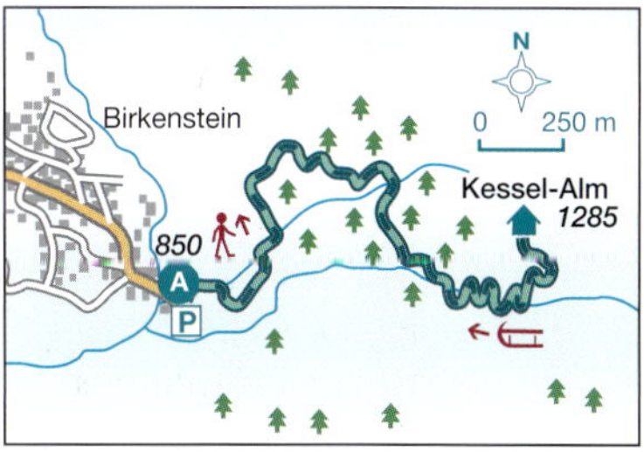

Tourencharakter Im oberen Bereich ist die Rodelbahn ziemlich kurvig und auch einigermaßen steil, der untere Abschnitt wird etwas sanfter. Durch die Südlage ist die Bahn nicht immer schneesicher. Ende Januar findet hier das bekannte Hornschlittenrennen statt. Anstieg und Rodelbahn befinden sich auf einer gemeinsamen Trasse, deshalb sollte man aufmerksam hochwandern und vorausschauend abfahren.
Offizielle Rodelbahn, meist geräumt.

Schwierigkeitsgrad: 3
Ausgangsort: Fischbachau-Birkenstein
Anfahrt: Autobahn A 8 München – Salzburg bis zur Ausfahrt Weyarn, weiter durch Miesbach Richtung Bayrischzell bis Fischbach, weiter nach Birkenstein, am Ortsende Wanderparkplatz Mit der Bahn bis Miesbach oder Fischbachau-Hammer. Umsteigen in Bus 9552 nach Birkenstein, Ausgangspunkt ist das Ortsende von Birkenstein.
Einkehren: Empfehlenswert ist der Gasthof Bergmühle in Birkenstein (Tel. 08028/732), bayerische Küche, Ruhetag: Donnerstag. Kuchenfreunde kommen von weit her mit Bussen ins Winklstüberl zwischen Elbach und Fischbachau.
Höhenunterschied: 430 m
Gesamtdauer: Aufstieg 1 Stunde 10 Minuten, Abfahrt 10 Minuten
Länge: 2,5 km
Durchschnittsgefälle: 18 %
Karte: Topografische Karte Mangfallgebirge, Maßstab 1:50 000, Bayerisches Landesvermessungsamt München
Fremdenverkehrsamt: Verkehrsamt Fischbachau, Kirchplatz 10, 83730 Fischbachau, Tel. 08028/876, Fax 906643, E-Mail info@fischbachau.de, Internet www.fischbachau.de

35 meistern. In engen Serpentinen zieht sich der Weg den Berg hinauf. Nach insgesamt etwa 45 Minuten Gehzeit lässt man den Wald hinter sich und wandert immer noch stetig steil über Waldwiesen weiter. Nach einer guten Stunde sieht man die Hütte oben direkt vor sich.

Aufstieg zur Kessel-Alm

Abfahrt Die ersten Meter liegen im Blickfeld der Terrasse der Kessel-Alm, also sollte man sich keine Blöße geben und sein Zittern tapfer unterdrücken. Schuss fahren geht hier nicht, alle hundert Meter braucht man sein Lenkvermögen, um nicht aus den kräftigen Kehren zu fliegen. Liegen die Serpentinen hinter uns, wird die Bahn etwas gemütlicher. In langer, von wenigen Kurven unterbrochener Fahrt geht der Weg talwärts.
Im letzten Drittel wird die Bahn etwas unübersichtlich: im Zweifelsfall durch Rufe auf sich aufmerksam machen. Achtung am Schluss der Tour: Hier muss man abbremsen, damit man nicht in den öffentlichen Straßenraum fährt.

Viel Platz ist nicht in der **Kessel-Alm** (1285 m). Aber auch wenn sie voll ist, versucht die freundliche Familie Wetscher (Tel. 08028/26 02 oder 0174/6 16 53 20) ihre Gäste gut zu bewirten. Übernachtungsmöglichkeit gibt es auf Anfrage in 30 Lagern und 6 Betten. Geöffnet ist unter der Woche abends ab 18 Uhr (wenn Rodeln möglich ist), am Wochenende, in den Weihnachts- und Faschingsferien 10–18 Uhr.

TIPP Die Marienwallfahrtskirche, ein zweigeschossiger kleiner Bau von Johann Mayr, wurde 1710 anstelle einer kleinen Kapelle mit spätgotischer Marienfigur, erbaut. Die Wände der kleinen Kirche sind über und über mit Engeln und Votivtafeln bedeckt, hier können ängstliche Rodler Kerzen stiften, damit sie unversehrt von der Kessel-Alm zurückkehren.

Terrasse der Kessel-Alm

36 Tregler-Alm – Hundham

Wenn man mal so richtig faul ist, sich nicht sehr anstrengen will und trotzdem Lust hat, auf einer schönen Hütte zu sein, dann sollte man über die leichtere Variante der beiden Wege auf die Tregler-Alm nachdenken: Eine nicht sehr anspruchsvolle und ungefährliche Rodelbahn findet man am Schwarzenberg, östlich von Hundham.

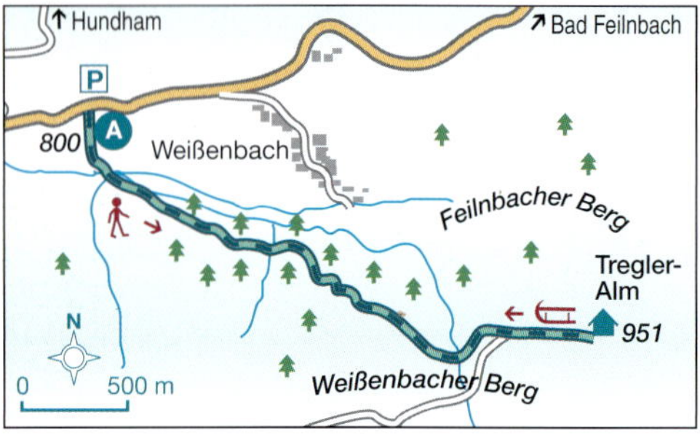

Aufstieg Vom Parkplatz aus überquert man die Straße und folgt dem Wegweiser zur Tregler-Alm. Die Forststraße durchquert das kleine Bachtal und zieht sich im Wald in gemächlicher Steigung den Hang entlang. Außer Bäumen gibt es hier nicht viel zu sehen, viele Fichten und einige frisch gepflanzte Ahornbäume. Man quert immer wieder kleine Bäche, mit etwas Glück kann man schöne Eisstrukturen entdecken. Nach etwa einer halben Stunde Gehzeit wird der Weg flacher und führt

Tourencharakter Diese Rodelbahn ist geeignet, um mit Kindern lenken und bremsen zu trainieren. Das Gefälle erlaubt zügiges Abrodeln nur bei idealen Schneeverhältnissen. Muss der Papa halt ziehn! Anstieg und Rodelbahn befinden sich auf einer gemeinsamen Trasse, deshalb sollte man aufmerksam hochwandern und vorausschauend abfahren. Offizielle Rodelbahn, meist geräumt.

Schwierigkeitsgrad: 1
Ausgangsort: Wanderparkplatz zwischen Bad Feilnbach und Hundham
Anfahrt: Autobahn A8 München – Salzburg bis zur Ausfahrt Bad Aibling, rechts Richtung Bad Feilnbach, nach ca. 4 km rechts Richtung Hundham, nach 5 km rechts Wanderparkplatz. Mit der Bahn schwer zu erreichen, evtl. mit Taxi von Bad Aibling.
Einkehren: Beim Auman-Wirt in Altofing, Tel. 08066/456, ein kurzes Stück von Bad Feilnbach Richtung Litzldorf, dann rechts, Ruhetag: Montag und Dienstag.
Höhenunterschied: 150 m
Gesamtdauer: Aufstieg 45 Minuten, Abfahrt 10 Minuten
Länge: 2,8 km
Durchschnittsgefälle: 5 %
Karte: Topografische Karte Mangfallgebirge, Maßstab 1:50 000, Bayerisches Landesvermessungsamt München
Fremdenverkehrsamt: Kur- und Fremdenverkehrsamt Bad Feilnbach, Bahnhofstraße 5, 83075 Bad Feilnbach, Tel. 08066/1444, Fax 906844, E-Mail info@feilnbach.de, Internet www.feilnbach.de

ein kurzes Stück bergab. Bei der Weggabelung gehen wir geradeaus weiter. Nach insgesamt etwa 45 Minuten lichtet sich der Wald und wir haben unser Ziel erreicht.

Tregler-Alm

Abfahrt Nach dem gemütlichen Aufstieg können wir keine rasante Abfahrt erwarten, das erste Stück ziehen wir den Schlitten, bis der Weg genügend Gefälle für die Abfahrt besitzt. Danach geht es je nach Schneeverhältnissen in gemütlichem Tempo bergab. Nur der kurze Bereich, in dem der Weg den Wald verlässt, ist etwas steiler.

TIPP In der Gegend um Bad Feilnbach wurde schon vor Jahrhunderten Torf abgebaut, zuerst als Brennstoff, später dann für kosmetische Zwecke. Solange der Abbau nicht in Raubbau ausartete und der Torf natürlich nachwachsen konnte, war dagegen nichts einzuwenden. Ein Winterspaziergang an den Torfstichen bei Eulenau oder Nickelheim zeigt die eigenartige Melancholie dieser Landschaft.

Die gemütliche **Tregler-Alm** (951 m) besticht durch ihre hervorragende Aussicht über Bad Feilnbach und die Moore weit ins Alpenvorland.
Sie wird von Familie Weiß (Tel. 08066/1420) mit freundlicher Gelassenheit bewirtschaftet. Es gibt vorzüglichen selbst gebackenen Kuchen. Keine Übernachtungsmöglichkeit, Ruhetag: Montag und Dienstag; ab Januar 2 Wochen geschlossen

37 Thalhäusl – Bad Feilnbach

Eine Tour durch den Winterwald auf einer nicht allzu anspruchsvollen Rodelbahn findet man in einem Schluchtwald über Bad Feilnbach. Einsam, ruhig und unspektakulär wandert man entlang eines munteren Bergbachs zum Thalhäusl und fährt auf einem Waldweg ab, der sich leicht kurvig durch einen abwechslungsreichen Mischwald schlängelt.

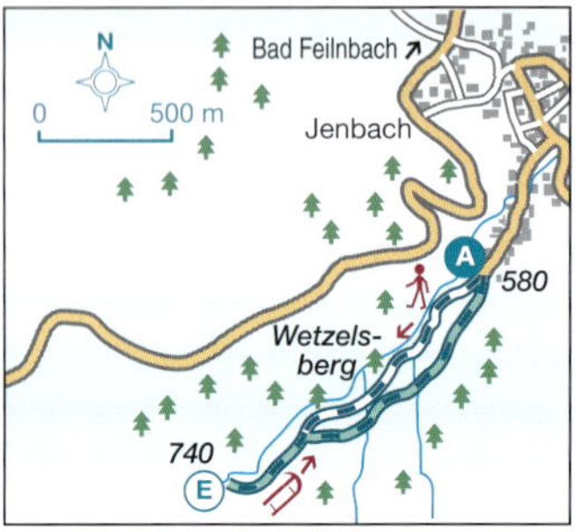

Aufstieg Aufsteigen kann man in zwei Varianten – entweder man wandert auf dem Forstweg durch den Wald oder man zieht seinen Schlitten auf breiter, aber steiler Route am Bach entlang. Welchen Weg man wählt, hängt in erster Linie von der Schneelage ab. Bei geringer Schneehöhe empfiehlt sich der landschaftlich reizvollere Wanderweg am Bach: Am Buswendeplatz nimmt man den rechten Weg, der an einer Schreinerwerkstatt vorbeiführt, und geht zunächst den Forstweg entlang. Kurz darauf sind wir am Osterbach, der in Kaskaden das steile Tälchen herabfließt, bei entsprechendem Wetter entstehen hier wunderbare Eisformationen. Nach etwa 5 Minuten Wegstrecke folgt eine Bank, zum Ausruhen ist es aber noch zu früh. Nach insgesamt 10 Minuten wird der Weg ziemlich steil und bleibt es auch für die nächste Viertelstunde. Zwischendurch überqueren wir zwei Bäche. Bei der Brücke biegt man links in den kleinen Weg ein und ist nach ein paar Schritten auf der Forststraße. Dort angekommen sieht man bereits das Ziel.

Alternativ zur Wanderung entlang des Osterbaches kann man auch im Wald hinaufsteigen. Dazu schlägt man beim Buswendeplatz den linken Weg Richtung Tregler-Alm ein. Dieser zweigt nach ein

Abfahrt vom Thalhäusl

37

Tourencharakter Familientour ohne größere Schwierigkeiten, bei der Variante entlang des Osterbachs können bei entsprechender Witterung durch die seitlich einfließenden Quellen vereiste Partien entstehen. Mit gelegentlichem Gegenverkehr ist auf der Forststraße zu rechnen. Inoffizielle Rodelbahn, nicht unbedingt geräumt.

Schwierigkeitsgrad: 2
Ausgangsort: Bad Feilnbach
Anfahrt: Autobahn A 8 München – Salzburg bis zur Ausfahrt Bad Aibling, rechts Richtung Bad Feilnbach, in der Linkskurve 400 m nach der Abzweigung nach Hundham geradeaus, 300 m weiter, nach der Brücke über den Osterbach rechts in die Schwarzbergstraße, Achtung: wenig Parkplätze. Mit der Bahn bis Bad Aibling, umsteigen in Bus 9580 aussteigen beim Alten Wirt, rechts vor dem Gasthaus bergwärts.
Einkehren: Gutes Essen in schöner Atmosphäre bekommt man beim Alten Wirt, Kufsteiner Straße 10, in Bad Feilnbach; hier kocht die Familie Pfeiffenthaler (Tel. 08066/202) bayerische Speisen, kein Ruhetag.
Höhenunterschied: 160 m
Gesamtdauer: Aufstieg 30 Minuten, Abfahrt 5 Minuten
Länge: 1,3 km
Durchschnittsgefälle: 12 %
Karte: Topografische Karte Mangfallgebirge, Maßstab 1:50 000, Bayerisches Landesvermessungsamt München
Fremdenverkehrsamt: Kur- und Fremdenverkehrsamt Bad Feilnbach, Bahnhofstraße 5, 83075 Bad Feilnbach, Tel. 08066/14 44, Fax 90 68 44, E-Mail info@feilnbach.de, Internet www.feilnbach.de

paar hundert Metern links ab, wir halten uns aber geradeaus. Der Weg führt in leichten Kurven und gleichmäßiger Steigung durch den schattigen Mischwald. Nach etwa 10 Minuten halten wir uns bei einer Bank rechts und kommen nach ein paar Schritten zu einer kleinen Brücke. Kurz darauf folgt eine weitere Bank, dann sieht man das Thalhäusl.

Das **Thalhäusl** (730 m) ist ein Erholungsheim der Pfadfinder, Einkehr- oder Übernachtungsmöglichkeit gibt es hier nicht. Sehenswert ist die kleine Kapelle gegenüber, mit einem ungewöhnlichen Kerzenständer.

Abfahrt Etwa 2 Minuten nach dem Weiler Thalhäusl wird der Weg flach. Seinen Schlitten weiter raufzuziehen lohnt sich nicht. Am Thalhäusl rodelt man auf steilem Weg vorbei, danach wird der Weg flacher. Nach etwa 200 m Hoch über der Wallfahrtskirche Birkenstein findet der geübte Rodler eine recht flotte Bahn. Liebhaber von Kurvenstrecken kommen hier zum Zug, versüßt wird der etwas anstrengende Aufstieg durch eine klassisch schöne Fernsicht von einer urigen Hütte aus.

TIPP Das kleine Erlebnisbad Innsola in Kiefersfelden bietet Planschvergnügen für die Wasserratte, Warmwasserbecken innen und außen, Dampfbad, Sauna und »Kaiserblick«. Öffnungszeiten: täglich 11–20 Uhr.

38 Schlipfgrub-Alm – Brannenburg

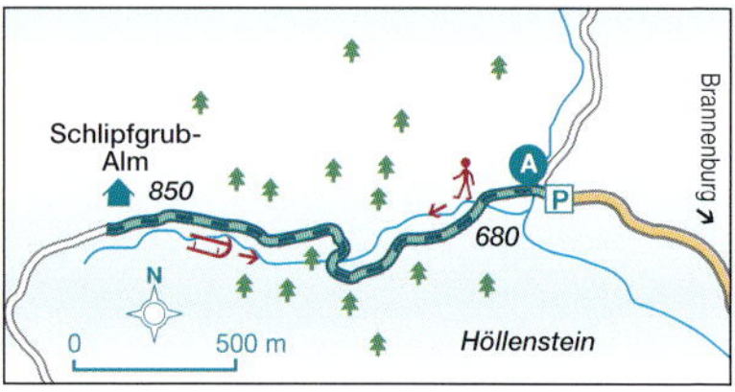

Eine muntere Rodelbahn in einem romantischen kleinen Tal führt von der Schlipfgrub-Alm nach Brannenburg. Wer die landschaftlich sehr reizvolle Gegend genießen will und wer gern in einer netten Wirtschaft sitzt, für den ist die Rodelbahn von der Schlipfgrub-Alm vermutlich genau das Richtige.

Aufstieg Vom Parkplatz an der Schrofenstraße geht man geradeaus den Hohlweg hinauf. Nach etwa 200 Meter überquert man den Kirchbach und kürzt entweder rechts über einen Waldpfad ab (ziemlich mühsam) oder man geht gemütlich die Fahrstraße den idyllischen Bergbach entlang, den man nach einer lang gezogenen S-Kurve und einem kurzen Flachstück überquert. Die letzten 10 Minuten sind etwas steiler, aber keine Angst, man kommt nicht außer Atem. Scharf rechts befindet sich der Weg zur Alm.

Aufstieg zur Schlipfgrub-Alm

38

Abfahrt Eine Bahn, die jung hält, wenn man auf den spärlichen Anliegerverkehr achtet und sich vom Bach fernhält. Besonders im ersten Teil sollte man Kinder dazu anhalten, langsam zu fahren. Nach der Brücke wird es ein kurzes Stück flach, dann geht der Weg in zwei lang gezogenen Kurven mit gleichmäßigem Gefälle bergab, vor dem Parkplatz sollte man rechtzeitig abbremsen, denn von links mündet eine Fahrstraße ein.

Die **Schlipfgrub-Alm** (850 m) wartet in geschützter Senke von alten Linden umgeben auf die hungrigen Rodler. Die kleine Berggaststätte mit der freundlichen Wirtin wird von Familie Gasteiger (Tel. 08034/2983) geführt und bietet für 7 Personen Übernachtungsmöglichkeiten im Lager. Die Hütte ist ganzjährig bewirtschaftet, Sa. und So. ab 9 Uhr, von Montag bis Freitag ab 11 Uhr geöffnet. Mittwoch ist Ruhetag, am 1. Weihnachtsfeiertag ist geschlossen. Brotzeiten und selbst gemachte Schmalznudeln geben dem Rodler das nötige Gewicht für die Abfahrt. Die Wirtin besitzt einen uralten Schlitten, den ihr ein achtzigjähriger Stammgast mit den Worten »Rodel du weiter« vermacht hat.

TIPP Mit Kindern kann man den Pony-Reithof der Familie Schacker (Tel. 08034/2909, Internet www.ponyreithof.de) in St. Margarethen-Gembachau besuchen, vom Berggasthof Kogl aus ca. 45 Minuten Gehdauer.

Tourencharakter Nicht sehr anspruchsvolle und ganz amüsante Bahn, die an einem Bergbach entlang führt. Mit Anliegerverkehr ist hier zu rechnen. Anstieg und Rodelbahn befinden sich auf einer gemeinsamen Trasse, deshalb sollte man aufmerksam hochwandern und vorausschauend abfahren.
Offizielle Rodelbahn, meist geräumt.

Schwierigkeitsgrad: 1–2
Ausgangsort: Brannenburg
Anfahrt: Inntalautobahn A 93 Richtung Kufstein, Ausfahrt Brannenburg. In der Ortsmitte der Beschilderung »Posterholungsheim« folgen. Am Posterholungsheim vorbei, nach 1,2 km Wanderparkplatz. Mit der Bahn bis Brannenburg, vom Bahnhof immer entlang des Kirchbachs Richtung Posterholungsheim, von dort noch 5 Minuten.
Einkehren: Ganz gemütlich isst man bei der Familie Antretter im Berggasthof Kogl (Tel. 08034/7865), Sulzbergstraße 20. Ruhetag: Freitag, Montag abends geschlossen.
Höhenunterschied: 170 m
Gesamtdauer: Aufstieg 30 Minuten, Abfahrt 5 Minuten
Länge: 1,7 km
Durchschnittsgefälle: 10 %
Karte: Topografische Karte Mangfallgebirge, Maßstab 1:50 000, Bayerisches Landesvermessungsamt München
Fremdenverkehrsamt: Verkehrsamt Brannenburg, Rosenheimer Straße 5, 83098 Brannenburg, Tel. 08034/4515, Fax 9581, E-Mail info@brannenburg.de, Internet www.brannenburg.de

39 Breitenberghaus – Brannenburg

Eine der rasantesten Rodelbahnen in den Voralpen schlängelt sich vom Breitenberghaus unterm Wendelstein ins Tal. Weite Almwiesen mit mächtigen alten Bäumen säumen den Aufstieg, der mit durchaus sportlicher Steigung und weitem Blick übers Inntal zum Breitenberghaus führt.

Aufstieg Etwa 100 m nach dem verdi-Haus (früher Posterholungsheim) an der Schrofenstraße biegt man bei einer Fischzucht links ab, durchquert auf einem Hohlweg ein kleines Wäldchen und erreicht

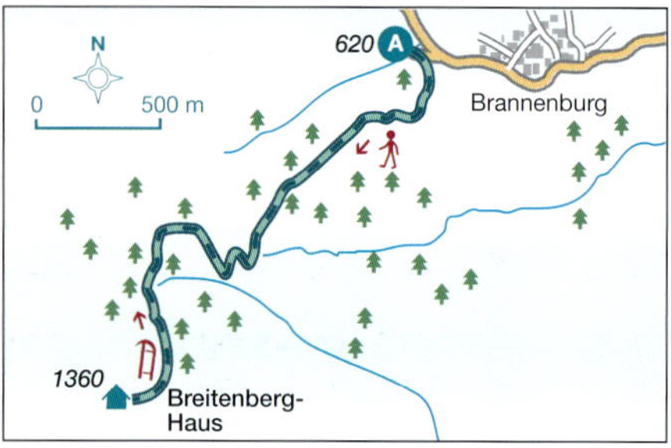

Das **Breitenberghaus** (1050 m) liegt geschützt in einer kleinen Senke und wird von den Familien Syrbe und Vogelmann (Tel. 08034/8663) bewirtschaftet. In 5 Mehrbettzimmern und auf 36 Lagern kann man übernachten. Geöffnet ist das Naturfreundehaus täglich außer Dienstag. Ab Dienstag nach Fasching machen die Wirtsleute Urlaub.

Tourencharakter Man sollte nicht das erste Mal auf dem Schlitten sitzen, wenn man diese Rodelbahn fährt. Einige Übung ist sicher nötig. Anstieg und Rodelbahn befinden sich auf einer gemeinsamen Trasse, deshalb sollte man aufmerksam hochwandern und vorausschauend abfahren. Offizielle Rodelbahn, meist geräumt.

Schwierigkeitsgrad: 3–4
Ausgangsort: Brannenburg
Anfahrt: Inntalautobahn A 93 Richtung Kufstein, Ausfahrt Brannenburg. In der Ortsmitte der Beschilderung »Posterholungsheim« folgen. 100 m nach dem Heim parken. Liegt wenig Schnee, die Sudelfeldstraße Richtung Talstation der Wendelsteinbahn fahren, 900 m nach der Ortsmitte rechts, nach 200 m wieder rechts (Dientzenhoferstraße), kurz darauf links Richtung Thann bis zum Schild »Anlieger frei«, dort parken. Mit der Bahn bis Brannenburg, vom Bahnhof am Kirchbach Richtung Posterholungsheim, von dort noch 3 Min., bei den Fischweihern links.
Höhenunterschied: 450 m
Gesamtdauer: Aufstieg 1 Stunde, Abfahrt 10 Minuten
Länge: 2,7 km
Durchschnittsgefälle: 17 %
Karte: Topografische Karte Mangfallgebirge, Maßstab 1:50 000, Bayerisches Landesvermessungsamt München
Fremdenverkehrsamt: Verkehrsamt Brannenburg, Rosenheimer Straße 5, 83098 Brannenburg, Tel. 08034/4515, Fax 9581, E-Mail info@brannenburg.de, Internet www.brannenburg.de

nach ca. 10 Minuten die Fahrstraße, an der man parken würde, wenn die Schneedecke nicht bis in den Ort reicht. Hier geht man rechts durch das kleine Wäldchen und biegt dann links auf den Weg mit der Schranke ein. Über Almwiesen zieht sich die Fahrstraße mit guter Steigung bergauf, nach kurzem sieht man oben das erste Etappenziel vor sich, eine mächtige freistehende Linde. Die ist nach insgesamt einer guten halben Stunde erreicht, ein schöner Platz, um ein Päuschen einzulegen, denn von dort sieht man weit übers Inntal in den Chiemgau hinein. Weiter zieht man den Rodel durch ein Tor aus alten Linden und der Weg wird nun recht steil. Eine Viertelstunde später, im Fichtenwald, nimmt die Steigung etwas ab, immer wieder öffnen sich schöne Ausblicke auf das Tal. Nach insgesamt etwa einer Stunde Gehzeit sieht man links unter sich in einem kleine Tal das Ziel.

Unbeschwertes Vergnügen

Abfahrt Ein kurzes Stück zieht man den Rodel auf dem Waldweg. Im Wald führt der Weg zwar mit flottem Gefälle bergab, kein großes Problem, denn die Bahn ist übersichtlich. Richtig steil wird der Weg, nachdem man den Wald hinter sich gelassen hat. In der steilen Kurve ist Temporeduzierung angebracht. Zwischen den Linden führt die Bahn hindurch und schwenkt nach links zu den Serpentinen hinunter. Dann verläuft sie mit Schwung bis zur Schranke gerade. Auf der Fahrstraße sollte man unbedingt mit Gegenverkehr rechnen. Auf dem Feldweg zum Posterholungsheim wird man ein kurzes Stück ziehen müssen. Danach verläuft die Rodelbahn im Hohlweg und man ist rasch beim Ausgangspunkt angelangt.

TIPP Wer mit einer richtigen Zahnradbahn fahren möchte und nicht vorhat, sich finanziell zu ruinieren (Zugspitzbahn), der kann mit der 1912 erbauten Wendelsteinbahn (Tel. 08034/ 3080, Internet www.wendelsteinbahn.de) in 30 Minuten gemütlich bis etwa 100 m unter den Gipfel fahren. Bei schönem Wetter hat man von dort eine ausgezeichnete Fernsicht. Betriebszeiten: stündlich 9–14 Uhr, die Berg- und Talfahrt kostet 24,50 Euro.

40 Brünnsteinhaus – Oberaudorf

Der Aufstieg ist lang, im oberen Drittel auch ziemlich anstrengend, aber an der Hangschulter angekommen, eröffnet sich dem Wanderer ein grandioses Panorama: Der Brünnstein bietet an klaren Wintertagen eine herrliche Sicht auf den Wilden Kaiser und die Kitzbühler Alpen.

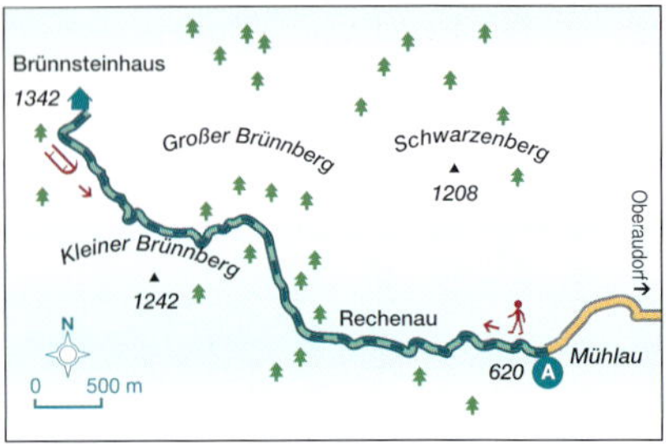

Aufstieg Ausgangspunkt ist der Wanderparkplatz in Mühlau, den man über eine schmale Fahrstraße erreicht, die am südlichen Ortsende von Oberaudorf rechts abzweigt. Vom Parkplatz nimmt man je nach Wunsch entweder den schattigen Waldweg links des Reschmühlbachs oder die Fahrstraße rechts des Baches. Beide Wege treffen sich nach etwa 15 Minuten. Kurz darauf erreicht man das stolze Anwesen Rechenau. Dort geht man links an einer Remise vorbei in den Wald. Jetzt folgen ca.10 Minuten mit mäßiger Steigung durch sonnige Lichtungen. Dann führt der Weg eine gute Stunde durch einen schattigen Fichtenmischwald zügig bergauf. Der Weg ist kurvig und etwas unübersichtlich und wird immer steiler, je weiter man nach oben kommt. Die entgegenkommenden Rodler fahren hier besonders schnell – also Vorsicht beim Aufstieg. Nach etwa 1,5 Stunden Gesamtgehzeit lässt man den Bergwald hinter sich. Von hier dauert es noch eine knappe Viertelstunde bis zum Brünnsteinhaus. Der Weg wird flacher und sonniger, führt inmitten von Almwiesen an der südseitigen Hangschulter entlang. Bei gutem Wetter hat man hier eine herrliche Aussicht auf den Wilden Kaiser und die Kitzbühler Alpen. Bald darauf sehen wir schon unser Ziel. Nach der Bergwachthütte biegt man rechts zum Brünnsteinhaus ab.

Das **Brünnsteinhaus** (1360 m) ist eine typische Alpenvereinshütte. Das Haus wird von Frau Rotte bewirtschaftet und bietet 54 Übernachtungsmöglichkeiten in Betten und Lagern (Tel. 08033/1431, Internet www.bruennsteinhaus.de). Geschlossen ist das Haus von Mitte März bis Ende April, von Mitte November bis Weihnachten ist das Haus nur am Wochenende geöffnet. Wer seinen Schlitten vergessen hat, kann hier einen guten Rodel ausleihen. Die Rodelbahn wird abends vom Wirt gepflegt, deshalb sind nach 17 Uhr keine Abfahrten mehr möglich.

Abfahrt Auf gemeinsamer Trasse mit der Aufstiegsroute zieht sich die Rodelbahn zunächst flach durch Almgebiet. Dann geht es mit kräftigem Tempo steiler bergab, dieser Abschnitt ist bei Vereisung recht gefährlich. Wenige, sehr enge Kurven und ein Weiderost verlangen stellenweise eine gemäßigte Geschwindigkeit. Am Ende der rasanten Fahrt muss man in einer Senke den Rodel ungefähr 200 m ziehen, dann führt die Bahn zügig wei-

40

Tourencharakter Der Brünnstein ist genau das Richtige für den erfahreneren Rodler, besonders das erste Teilstück im Wald ist etwas steiler. Der Weg ist schmal und Aufstieg und Rodelbahn befinden sich auf einer gemeinsamen Trasse, deshalb sollte man aufmerksam hochwandern und vorausschauend und mitunter laut rufend abfahren.
Offizielle Rodelbahn, meist geräumt.

Schwierigkeitsgrad: 3–4
Ausgangsort: Oberaudorf, Hochtal Mühlau
Anfahrt: Inntalautobahn A 93 Richtung Kufstein, Ausfahrt Oberaudorf. Von der Ortsmitte Oberaudorf Richtung Kiefersfelden, etwa 100 m nach dem Tor rechts nach Mühlau, am Campingplatz vorbei auf schmaler Straße bis zum Wanderparkplatz Brünnsteinhaus. Mit der Bahn bis Oberaudorf, von dort mit Taxi nach Mühlau.
Einkehren: Vom Parkplatz aus sieht man rechts im Tal das Café Dörfl, mit schöner Sonnenterrasse, bewirtschaftet von der Familie Edenstraßer (Tel. 08033/15 35), Ruhetag: Dienstag. Die Speisekarte des Wallerhofs der Familie Anker (Tel. 08033/41 96) wartet mit Forellen aus eigener Forellenzucht auf, er liegt ca. 200 m in Richtung Oberaudorf auf der linken Seite, Ruhetag: Mittwoch.
Höhenunterschied: 740 m
Gesamtdauer: 1 Stunde 50 Minuten, Abfahrt 20 Minuten
Länge: 5 km
Durchschnittsgefälle: 15 %
Karte: Topografische Karte Mangfallgebirge, Maßstab 1:50 000, Bayerisches Landesvermessungsamt München
Auskunft: Verkehrsamt Oberaudorf, Kufsteiner Straße 6, 83080 Oberaudorf, Tel. 08033/3 01 20, Fax 3 01 29, E-Mail info@oberaudorf.de, Internet www.oberaudorf.de

ter nach Rechenau. Jetzt folgen wir dem Weg rechts auf die Straße. Hier empfiehlt es sich, den Schildern Folge zu leisten und das Tempo etwas zu reduzieren, zumal man auf der Wirtschaftsstraße offiziell nicht rodeln darf. Nach ca. 200 m führt die Rodelbahn rechts im Wald weiter, hier haben Rodler, die über eine gute Gesäßpolsterung verfügen, einen eindeutigen Vorteil. Am Ende des Waldwegs kommt ein flacherer Abschnitt. Wir ziehen unseren Rodel nach links auf eine Forststraße, auf dieser geht es zügig zum Parkplatz.

TIPP Das Museum für deutsche Automobilgeschichte in Amerang zeigt auf einer Fläche von ca. 6000 qm mehr als 220 deutsche Automobil-Klassiker aller Epochen. Vom Benz-Patent-Motorwagen von 1886 bis hin zu den neuesten Automodellen der Gegenwart. Kleinwagen der 50er Jahre, Sportwagen und Rennautos erwarten den Autobegeisterten. Außerdem: eine Modelleisenbahn-Anlage mit Personen- und Güterbahnhöfen, mit Rangierbahnhöfen und Schiffsbeladehafen sowie eine Miniatur-Eisenbahn-Sammlung. Wasserburger Str. 38, 83123 Amerang, Tel. 08075/81 41, Fax 08075/15 49. Vom 1. April bis 31. Okt. tägl. außer Montag von 10–18 Uhr geöffnet, Einlass bis 17 Uhr. Vom 2. November bis 31. März Samstag und Sonntag geöffnet.

41 Petersberg – Flintsbach

Gleich zwei markante Höhepunkte bietet die lange, aber kurzweilige Rodelbahn am Rand des Inntals. Im Schatten führt der Weg hinauf zum Petersberg, einem sehenswerten Kirchlein, das auf einem Fels hoch über dem Oberland thront. Dann führt der Weg weiter zur Hohen Asten, einer wunderschön gelegenen Hochalm.

Aufstieg Schon die ersten Meter zeigen, dass ein zügiger Aufstieg zu erwarten ist. Durch den Bergwald führt der Weg in Serpentinen bergauf, nach etwa 5 Minuten sieht man links die Burgruine Falkenstein. Mit durchgängig guter Steigung führt der Weg weiter. Nach einer halben Stunde Wegzeit steht rechts eine kleine Kapelle. 10 Minuten später, auf einer kleinen Lichtung zweigt links der Weg zum Petersberg ab. Es lohnt sich nicht, den Schlitten mit hoch zu nehmen, selbst wenn genug Schnee liegt, ist es hier zu eng, zu kurvig und zu steil zum Abfahren. Von der Kirche aus hat man einen herrlichen Blick übers Alpenvorland. Kein Wunder, dass sich hier einst ein erstmals im 12. Jh. erwähn-

In der gemütlichen Berggaststätte **Hohe Asten** auf 1108 m kann man sich von der Kochkunst der Familie Astl (Tel. 08034/2151) überzeugen. Apfelstrudel und Kaiserschmarren sprechen für sich. Übernachtungsmöglichkeit gibt es keine. Ruhetag: Freitag.

Tourencharakter Schattig im kühlen Nordwald führt die Bahn das erste Stück zum Petersberg hoch. Dieser Teil vereist leicht; deshalb hat es hier auch schon einige Unfälle gegeben. Diese Rodelbahn ist wirklich nur routinierten Rodlern zu empfehlen. Für den Besuch des Petersbergs sollte man sein Schlittenschloss nicht vergessen. Anstieg und Rodelbahn befinden sich auf einer gemeinsamen Trasse, deshalb sollte man aufmerksam hochwandern und vorausschauend abfahren. Auch mit Gegenverkehr durch die Fahrzeuge der beiden Wirte ist zu rechnen.
Inoffizielle Rodelbahn, aber meist geräumt.

Schwierigkeitsgrad: 3–4
Ausgangsort: Flintsbach
Anfahrt: Inntalautobahn A93 Richtung Kufstein bis Ausfahrt Brannenburg, in Brannenburg links Richtung Kiefersfelden, in Flintsbach den Astenweg rechts, nach etwa 500 m parken. Mit der Bahn bis Flintsbach, vom Bahnhof zum Ausgangspunkt sind es etwa 10 Min.
Einkehren: Wer alte Wirtshäuser und gute Küche mag, geht hinterher ins Gasthaus Waller (Tel. 08033/1473) in Reisach bei Niederaudorf und probiert die Germknödel. Ruhetag: Montag.
Höhenunterschied: 620 m
Gesamtdauer: Aufstieg 1 Stunde 40 Minuten, Abfahrt 20 Minuten
Länge: 4,3 km
Durchschnittsgefälle: 14 %
Karte: Topografische Karte Mangfallgebirge, Maßstab 1:50000, Bayerisches Landesvermessungsamt München
Fremdenverkehrsamt: Verkehrsamt Flintsbach am Inn, Kirchstraße 9, 83126 Flintsbach, Tel. 08034/306620, E-Mail info@flintsbach.de, Internet www.flintsbach.de

41

tes Benediktinerkloster befand. Einkehren kann man dort in der Gaststätte Petersklause (Tel. 08034/18 20, Internet www.berggasthaus-petersberg.de), Mittwoch Ruhetag.
Wieder zurück auf dem Weg zieht man den Schlitten durch ein schattiges Waldstück und kommt 10 Minuten später auf die Alm »Bauer am Berg«, ein alter Bauernhof aus der ersten Hälfte des 17. Jhs. Hier zieht man den Schlitten 5 Minuten auf flacher Strecke über Almwiesen. Etwa 15 Minuten führt der Weg am Hang entlang durch den Wald, dann biegt er Richtung Hohe Asten an einer Weggabelung rechts ab. Die kleine Almhütte rechter Hand ist aber noch nicht unser Ziel, erst wenn man aus dem Wald herauskommt, sieht man links oben die Gaststätte Hohe Asten. Bis dahin sind es noch ca. 10 Minuten.

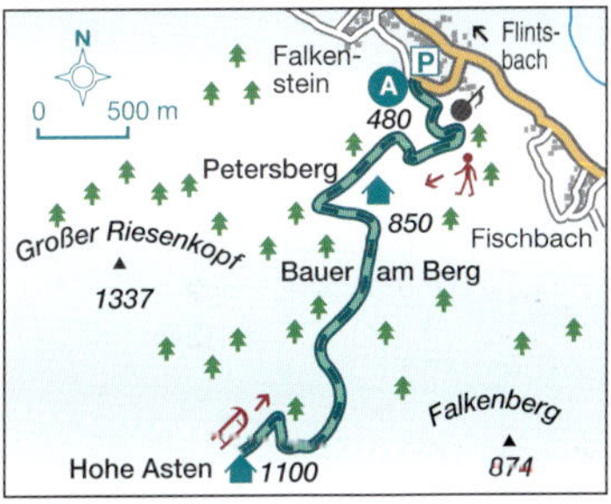

Abfahrt Unbedingt darauf achten, dass auf der ganzen Bahn Gegenverkehr möglich ist (Hüttenwirte). In langem Bogen fährt man zum Waldrand ab, dann wird es für ein kleines Stück flacher, ehe sich das richtige Gefälle für eine flotte Fahrt einstellt. Bis zur nächsten Lichtung geht es zügig bergab, dort zieht man den Schlitten ein kurzes Stück. Kurz vorm Wald geht der Weg in einer leichten Linkskurve beschwingt weiter. Ab dem Abzweig zur Peterskirche wird der Weg gefährlicher, diese Strecke ist häufig vereist und hat eine ausgesetzte Kurve, die nur mit größter Vorsicht zu fahren ist. Hier ist vor ein paar Jahren ein Rodler tödlich verunglückt. Bitte nehmen Sie diese Warnung ernst und fahren Sie den Rest der Bahn mit Bedacht ab. In Serpentinen zieht sich der Weg weiter ins Tal, kurz nach der Burg sollte man das Tempo reduzieren um rechtzeitig vor der Fahrstraße abbremsen zu können.

Berggaststätte Hoher Asten

TIPP Einen Ausflug wert ist die Gießenbachklamm westlich von Kiefersfelden. Je nach Schneelage kann man in dem einsamen Tal des Gießenbachs weit wandern. Ganz in der Nähe ist einer der ältesten Bergbauernhöfe Bayerns, gegründet angeblich 500 v. Chr. Der Bauernhof, der heute noch auf dem Hochplateau steht, stammt aus dem 17. Jh. Man kann sich dort einmieten – es lohnt sich: Familie Fuchs, Trojer (Tel. 08033/ 72 20, Fax 65 51)

42 Hocheck – Oberaudorf

Das kleine Skigebiet bei Oberaudorf wirkt wie ein nostalgisch liebevolles Relikt aus Zeiten, als Skifahren noch ein Sport und keine hauptsächlich kommerzielle Angelegenheit war. Für Sportliche lohnt sich der Aufstieg entlang der Fahrstraße, man kann aber auch mit dem antiken Sessellift auf den Berg schweben.

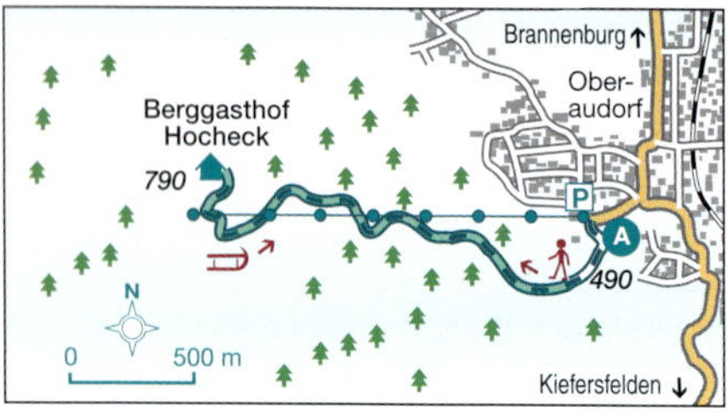

Wer sich unter dem **Berggasthof Hocheck** (790 m) eine urige Alm vorstellt, wird enttäuscht sein. Familie Berger (Tel. 08033/1495, Internet www.hocheck.de) bewirtschaftet hier eine große Berggaststätte mit Panoramafenstern, Aussichtsterrasse und Schnellküche. Übernachtungsmöglichkeit gibt es keine, allerdings besteht die Möglichkeit, eine der fünf Ferienwohnungen zu mieten. Die Gaststätte ist ohne Ruhetag durchgehend geöffnet, Betriebsferien: November.

Aufstieg Vom Parkplatz am Sessellift führt unser Weg ein kurzes Stück Richtung Ortsmitte, nach etwa 50 m beginnt rechts zwischen den Häusern der Weg aufs Hocheck. 300 m weiter hat man, sich immer rechts haltend, die letzten Häuser von Oberaudorf hinter sich gelassen und wandert auf der Fahrstraße durch den Fichtenmischwald nach oben. Wenn man insgesamt 20 Minuten unterwegs ist, quert man die Skipiste und kommt nach einer kräftigen Rechtskurve durch einen Hohlweg auf eine schöne Almfläche. Hier möchte man wohnen! Wenn man an einem hübschen alten Bauernhof vorbeikommt, hat man etwa drei viertel der Strecke geschafft. Unser Ziel, die Wirtschaft am Hocheck, ist schon in Sicht. Das letzte Stück kann man über die Wiese abkürzen.

Blick vom Hocheck

Abfahrt Auf großen Schildern werden die Rodelzeiten angegeben. An diese sollte man sich im Interesse der Anlieger und vor allem der eigenen Gesundheit halten, denn eine Kollision mit dem Jeep verläuft für den Rodler meist unvorteilhaft ab. Man fährt hinab – Rennrodler nehmen natürlich die Abkürzung über die Wiese – und weiter geht es ziemlich flott den Fahrweg mit gutem Gefälle ins Tal. Hinter dem Bauernhof, der auf der rechten Seite liegt, wird der Weg enger und

42

Sessellift und Rodelverleih: An der Bergstation der Hocheckbahn, vorher bei der Talstation nachfragen (Tel. 08033/30 35-0), Betriebszeiten täglich, 9.30–17 Uhr, Dienstag, Donnerstag–Samstag bis 21 Uhr. Rodelbahn wird beschneit und ist nachts beleuchtet, Internet www.hocheck.de.

unübersichtlich – hier bitte Tempo reduzieren. Nun folgt eine scharfe Linkskurve, kurz darauf empfiehlt es sich, langsam zu fahren, denn man quert die Skipiste.
Parallel zur Skipiste geht der Weg ab ins Tal, Vorsicht, hier ist die Bahn öfter mal vereist, es sind zwar talseitig Leitplanken angebracht, aber in heftiger Fahrt sollte man ihnen nicht zu nahe kommen. Das letzte Stück vor Oberaudorf wird wieder flacher, auf dem kurzen Gefälle vor der Hauptstraße sollte man sich das Rodeln verkneifen, denn die gut befahrene Straße ist schwer einsehbar.

TIPP Ein schöner Ausflug bei schlechtem Wetter könnte ins Schwazer Silberbergwerk (Internet www.silberbergwerk.de) führen. Mit der Grubenbahn fährt man etwa 800 Meter weit ins Innere des Berges. Die Führung durch ein Labyrinth von Stollen, Schächten und von Hand geschlagenen Abbauen zeigt den Unterschied von tauben und erzreichen Gesteinspartien. Stollenbau, Wasserhebekunst, bergmännisches Werkzeug und Vermessungsgeräte werden auf Schautafeln und mit einer Dia-Schau demonstriert. Täglich 10–16 Uhr geöffnet, Führungsdauer: 2 Stunden (inkl. Umkleiden).

Tourencharakter Bei guten Schneeverhältnissen kann man die Bahn als Familienrodelbahn für größere, geübte Kinder empfehlen. Denn wenn sie nicht vereist ist, kann einem nicht viel passieren auf dieser Rodelbahn, sie ist gut gesichert. An den Fahrbahnrändern friert der geräumte Schnee, hier sollte man aufpassen! Da heißt es Tempo drosseln. Auch mit Fußgängerverkehr sollte der Rodler auf dieser Strecke rechnen. Offizielle Rodelbahn, meist geräumt.

Schwierigkeitsgrad: 2
Ausgangsort: Oberaudorf
Anfahrt: Inntalautobahn A 93 Richtung Kufstein, Ausfahrt Oberaudorf. In der Ortsmitte Oberaudorf Wegweisung Hocheckbahn folgen. Mit der Bahn bis Oberaudorf.
Einkehren: Wer eine gemütliche Bauernwirtschaft erleben will, in der es Riesengermknödel und andere bayerische Köstlichkeiten gibt, geht zum Wallerwirt (Tel. 08033/14 73) im Ortsteil Reisach. Ruhetag: Montag.

Höhenunterschied: 300 m
Gesamtdauer: Aufstieg 50 Minuten, Abfahrt 10 Minuten
Länge: 2 km
Durchschnittsgefälle: 15 %
Karte: Topografische Karte Mangfallgebirge, Maßstab 1:50 000, Bayerisches Landesvermessungsamt München
Auskunft: Verkehrsamt Oberaudorf, Kufsteiner Straße 6, 83080 Oberaudorf, Tel. 08033/3 01 20, Fax 3 01 29, E-Mail info@oberaudorf.de, Internet www.oberaudorf.de

43 Laglerhütte (Löwenbräuhaus) – Nussdorf

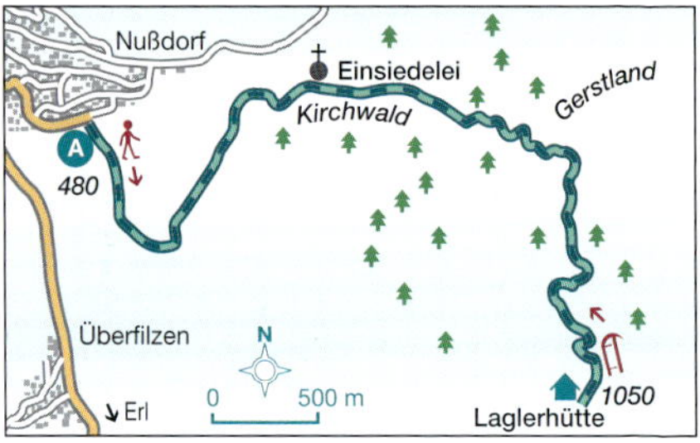

Ein alter Kreuzweg führt zu einer heute noch bewohnten Einsiedelei, die schattig, aber traumhaft schön am Nordhang des Heubergs liegt. Man wandert nach oben und erreicht ein Hochplateau unter dem Gipfel, auf der zwei schöne Hochalmen wie auf einem Aussichtsbalkon hoch über dem Chiemgau liegen.

Aufstieg Von Nussdorf geht es erst mal flach über Wiesen, nach etwa 700 m macht der Weg eine Kehre und führt leicht ansteigend im Wald weiter. Wenn man etwa 40 Minuten unterwegs ist, öffnet sich der Fichtenmischwald zu einer kleinen Lichtung, auf der fein säuberlich Obstbäume gepflanzt sind. Die kleine Barockkirche heißt Mariä Heimsuchung, eine der letzten bewohnten Eremiteien, in der man um Weihnachten eine schöne alte Krippe bewundern kann. Selbstverständlich lässt man dem Ort die nötige Würde angedeihen und stiftet dem Schutzheiligen der Rodler eine Kerze. Zurück auf der Forststraße geht es stetig weiter bergauf, ab und zu glänzt ein kleiner Ausblick auf den Chiemgau durch den Wald. Nach insgesamt etwa eineinviertel Stunden mündet links der Weg von Schweibern ein, es wird steiler und nach kurzem hat man das Hochplateau mit der herrlichen Aussicht erreicht. Unter dem Begriff Daffnerwald-Alm versteht man mehrere Almen auf dem Hochplateau, darunter die Deindl-Alm.

Unterhalb des Heubergs

Abfahrt Die Abfahrt beginnt steil, wird aber im Wald gemütlicher und führt mit Ausnahme einer kleinen Kurve relativ geradlinig mit gleichmäßigem Gefälle ins Tal. Die letzen Meter bis Nußdorf muss man den Rodel ziehen.

43

Tourencharakter Lange, nicht besonders anspruchsvolle Rodelbahn, ziemlich schneesicher. Anstieg und Rodelbahn befinden sich auf einer gemeinsamen Trasse, deshalb sollte man aufmerksam hochwandern und vorausschauend abfahren.
Inoffizielle Rodelbahn, meist geräumt.

Schwierigkeitsgrad: 2–3
Ausgangsort: Nussdorf
Anfahrt: Inntalautobahn A 93 Richtung Kufstein, Ausfahrt Nussdorf, in der Ortsmitte rechts Richtung Erl, nach ca. 100 m beim Schneiderwirt links abbiegen (zur Kirche mit Satteldach), an der Dorflinde vorbei, beim Holzlagerplatz rechts und gegenüber von Waldwiesenweg 25 parken. Mit der Bahn bis Rosenheim, Buslinie 9490 oder 9493 Rosenheim-Windshausen bis Nussdorf, beim Schneiderwirt aussteigen. Nach links zur Kirche mit Satteldach, an der Dorflinde vorbei, beim Holzlagerplatz rechts und gegenüber von Winkelwiesweg 25 rechts in den Feldweg einbiegen.
Einkehren: Eine schöne alte Gaststube hat der alteingesessene Gasthof Schneiderwirt mit Metzgerei (Tel. 08034/ 45 27) der Familie Grandauer in Nussdorf, Hauptstraße 8.
Höhenunterschied: 580 m
Gesamtdauer: Aufstieg 1,5 Stunden, Abfahrt 20 Min.
Länge: 4,6 km
Durchschnittsgefälle: 13 %
Karte: Topografische Karte Mangfallgebirge oder Chiemsee, Maßstab 1:50 000, Bayerisches Landesvermessungsamt München
Auskunft: Verkehrsamt Nussdorf, Brannenburger Straße 10, 83131 Nussdorf, Tel. 08032/90 79 20, E-Mail verkehrsamt@nussdorf.de, Internet www.nussdorf.de

TIPP Einsiedelei am Heuberg. Ein mährischer Tuchmachergeselle ließ sich in Rom taufen und bekam von einem römischen Kardinal ein Madonnenbild. Aufgrund eines in großer Not geleisteten Gelübdes wurde er Einsiedler am Heuberg. Die Wunderwirkung des Marieenbildnisses sprach sich schnell herum, es wurde eine Kapelle errichtet. Die heutige Gnadenkapelle wurde 1719/20 an derselben Stelle von einheimischen Baumeistern erbaut. 1756 erhielt die Kirche eine neue Einrichtung, die aus drei Altären und Kanzel im Rokokostil bestand. In der Mitte des Hochaltars sieht man das aus Rom mitgebrachte Gnadenbild, eine byzantinische Ikone auf Holz. Über dem Marienbild ein Gemälde des hl. Einsiedlers und Ordensgründers Franz von Paula. Zwischen den Säulen die Figuren des hl. Franz von Assisi und des hl. Antonius von Padua. Die Eremitage ist abgesehen von einer Unterbrechung während der Säkularisation seit damals bewohnt.

Die zweite der beiden Hütten, die **Laglerhütte (Löwenbräuhaus)** (1050 m), ist klein und gemütlich und wird von Familie Auer (Lagler) (Tel. 08032/87 37) an Wochenenden und Feiertagen bewirtschaftet. Unter kleinen Fenstern auf alten Tischen gibt es Brotzeit und einheimische Küche, 30 Lager stehen bei Voranmeldung zur Verfügung. Was braucht der Schlittenfahrer mehr? Mit etwas Glück hört man sogar Hausmusik. Aber Vorsicht – angesichts der anspruchsvollen Abfahrt beachte man streng die Promillegrenzen!

44 Deindl-Alm – Heuberg

Der Heuberg am Rand des Inntals bietet alles, was das Rodlerherz höher schlagen lässt: schattige und damit schneesichere Rodelbahnen, ein anständiges Gefälle und eine klassisch schöne Aussicht weit über den Chiemgau. Die hier vorgestellte Variante ist die kürzere der beiden Strecken auf den Heuberg.

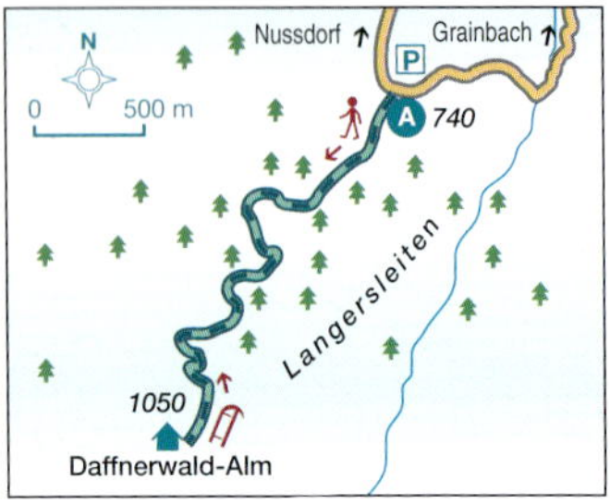

Aufstieg Vom Wanderparkplatz bei Schweibern führt der Weg gesäumt von Buchen und Ahornwald erst sanft, dann nach 10 Minuten steiler durch einen Fichtenhochwald. Nach gut einer halben Stunde wandert man links auf der Forststraße weiter. Hier sieht man bereits weit übers Land. Zum Endspurt wird es jetzt noch mal ziemlich steil; nach gut 5 Minuten, in denen es steil bergauf geht, macht der Weg eine Kurve und vor uns liegt das Hochplateau unter dem Heuberg. Die letzten 5 Minuten sind eben und es bietet sich eine schöne Aussicht.

Tourencharakter Diese Schlittentour hat einige steilere Abschnitte, die bei Vereisung nicht ungefährlich sind. Deshalb wird sie für geübte Rodler empfohlen. Anstieg und Rodelbahn befinden sich auf einer gemeinsamen Trasse, deshalb sollte man aufmerksam hochwandern und vorausschauend abfahren.
Inoffizielle Rodelbahn, nicht unbedingt geräumt.

Schwierigkeitsgrad: 3
Ausgangsort: Grainbach am Samerberg
Anfahrt: Autobahn A 8 München – Salzburg bis zur Ausfahrt Achenmühle, in Achenmühle rechts abbiegen bis Grainbach, ca. 4 km weiter nach Duft/Duftbräu, nach 600 m liegt links im Wald vor dem Weiler Schweibern der Heuberg-Parkplatz. Öffentlich ist der Ausgangspunkt schwierig zu erreichen: mit der Bahn bis Rosenheim, umsteigen in den Bus 9493 (auch Sonntags) bis Grainbach am Samerberg, von dort zu Fuß 4,5 km.
Einkehren: Ganz in der Nähe kann man in der Gaststätte Duftbräu, Familie Wallner (Tel. 08032/82 26), die traditionelle Küche der energischen Wirtin genießen. Ruhetag: Donnerstag.
Höhenunterschied: 300 m
Gesamtdauer: Aufstieg 45 Minuten, Abfahrt 10 Minuten
Länge: 2,5 km
Durchschnittsgefälle: 12 %
Karte: Topografische Karte Chiemgau, Maßstab1:50 000, Bayerisches Landesvermessungsamt München
Auskunft: Verkehrsamt Nussdorf, Brannenburger Straße 10, 83131 Nussdorf, Tel. 08032/90 79 20, E-Mail verkehrsamt@nussdorf.de, Internet www.nussdorf.de

Berggaststätte

Abfahrt Ein kurzes Stück zieht man den Schlitten übers Hochplateau, ab dem Weiderost, der in der Regel tief verschneit ist, geht es gleich rasant bergab. Wenn man nach 200 m die Abzweigung nach rechts verpasst, fährt man nach Nussdorf ab. Die Aufmerksamen biegen nach rechts ab und fahren gut steil und kurvig durch den Wald ab. Ab der Lichtung wird es etwas sanfter, nach kurzer Zeit erreicht man den Parkplatz.

Die **Deindl-Alm** wird im Winter von Christian Bergmann (Tel. 08034/22 17) von Donnerstag bis Sonntag bewirtschaftet und bietet dem Rodler neben Brotzeit und einfachen Gerichten 20 Lager. Die Hütte hat sich in den letzten Jahren zum Treffpunkt für Einheimische entwickelt. Auch hier gilt: Maßvoll mit dem Alkohol umgehen!

TIPP Die kleinste Brauerei Deutschlands braut in Nußdorf unfiltrierte Biere aus Zutaten, die ausschließlich aus ökologischem Landbau stamen. Auf etwa 100 Hektoliter beläuft sich der jährliche Ausstoß des Inntalbräu. Jeden Freitag ab 14 Uhr können Interessierte dem Braumeister Michael Liebl beim Brauen über die Schulter schauen.

Der Gipfel des Heubergs bietet einen phänomenalen Ausblick über die Ebene des Inntals und des Chiemgaus, etwa 20 Minuten dauert der Anstieg von den Almen aus.

45 Aschenbrennerhaus – Kufstein

Was der Nanga-Parbat-Stüberl mit dem Wilden Kaiser zu tun hat, kann man auf dem Aschenbrennerhaus nachlesen. Hoch über dem Inntal führt uns eine der beliebtesten Rodelbahnen vom Wilden Kaiser mitten in die Stadt Kufstein. Oben gibt es in einem Nebenraum eine Lektion in Berggeschichte.

Aschenbrennerhaus

Aufstieg Auf einer zunächst geraden Forststraße wandert man im lichten Bergwald mit mittlerer Steigung bergauf. Immer wieder sieht man durchs Geäst die Kufsteiner Burg. Aber unsere Aufmerksamkeit gilt dem Weg und entgegenkommenden Rodlern. Etwa 10 Minuten später schlängelt sich der Weg in weiten Serpentinen den steilen Berg hinauf. Nach insgesamt etwa 30 Minuten ziehen wir unsere Schlitten an der kleinen Kapelle, die leider meistens verschlossen ist, vorbei und erreichen nach weiteren 20 Minuten eine kleine Brücke – die Hälfte des Weges ist geschafft. Nun wird der Weg steiler, die Serpentinen ziehen sich weitere 50 Minuten den Berg hinauf. Wer genau hinsieht, kann zwischen den Bäumen schon von weitem die Fahnenstange des Gasthauses erkennen.

Das **Aschenbrennerhaus** (1128 m) ist keine kleine Almhütte, eher ein Ausflugsrestaurant mit allen Begleiterscheinungen. Es wird von Familie Silberbauer (Tel. 0043/5372/62220, Internet www.berghaus-aschenbrenner.at) bewirtschaftet. Früher war es mit dem Sessellift erreichbar, der den Weg alles Vergänglichen gegangen ist. Übernachtungsmöglichkeit gibt es mit und ohne Dusche im Zimmer, insgesamt 26 Betten. Geöffnet ist täglich. In einem Nebenraum ist eine kleine alpine Ausstellung untergebracht, ein Aschenbrenner war bei der berühmten Nanga-Parbat-Expedition dabei. Wer seinen Schlitten vergessen hat, kann sich einen durchaus anständigen ausleihen.

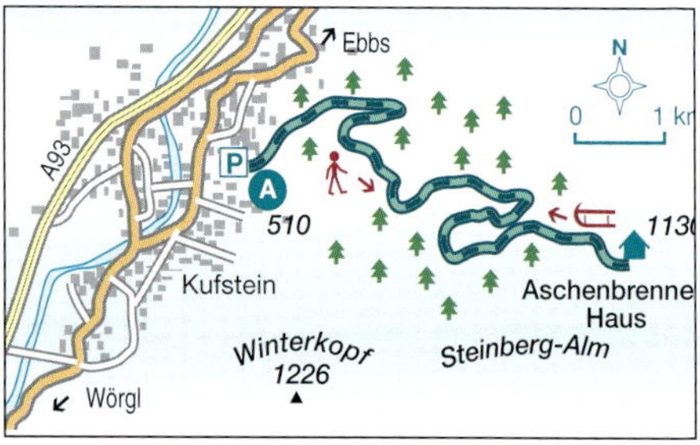

45

Abfahrt Zunächst sind die Sperrzeiten der Rodelbahn zu beachten. Vom Haus aus führt der Weg in zwei engen Kurven Richtung Tal; die vielen Serpentinen lassen das Herz des Rodlers höher schlagen, es geht anständig ohne Flachstellen bergab. Nach der Brücke wird der Weg etwas flacher, hier folgt ein ausgesetzter, aber bei guten Schneeverhältnissen ungefährlicher Abschnitt. Auf dem ganzen Weg sollte man nicht nur auf entgegenkommende Familien mit Kind und Kegel achten, sondern auch mit dem Rodeltaxi rechnen, das zwar die Warnblinkleuchten eingeschaltet hat, was jedoch dem allzu schnellen Rodler wenig hilft.
Die Schlussgerade läuft im Parkplatz aus, hier sollte man das Tempo rechtzeitig reduzieren.

TIPP Die erste funktionstüchtige Nähmaschine erfand Josef Madersperger (1786 in Kufstein geboren), doch seine Erfindung war seiner Zeit zu weit voraus. Das Madersperger-Museum, das das Leben des Erfinders, den Wandel der Kleidung vom Luxusgut zum Massenprodukt und die Entwicklung der Nähmaschine aufzeigt,befindet sich in der Kinkstraße und ist täglich von 9 bis 17 Uhr geöffnet.

Tourencharakter Die Rodelbahn ist nicht sehr anspruchsvoll und ziemlich lang, als Familientour mit größeren, geübten Kindern geeignet. Anstieg und Rodelbahn befinden sich auf einer gemeinsamen Trasse, deshalb sollte man aufmerksam hochwandern und vorausschauend abfahren. Hier ist besonders mit dem Rodeltaxi, mit dem man sich auch hochfahren lassen kann, zu rechnen.
Offizielle Rodelbahn, meist geräumt.

Schwierigkeitsgrad: 2–3
Ausgangsort: Kufstein
Anfahrt: Inntalautobahn A 93 Richtung Innsbruck, Ausfahrt Kufstein Süd, grob der Beschilderung Glashütte folgen, gegenüber des Rot-Kreuz-Hauses führt die Mitterndorfer Straße zum Aschenbrennerhaus, wenig Parkplätze, mehr gibt es am Ende der Josef-Egger-Straße, ca. 200 m nördlich. Grobe Richtung (weil es auf Anhieb nicht leicht zu finden ist): östlich der Burg am Fuß des Berges. Mit der Bahn bis Kufstein, etwa 20 Minuten zu Fuß.
Einkehren: Wenn es dort nicht zu voll ist, sitzt man im Weinstadel am Kaiseraufstieg in Ebbs, Familie Zitta (Tel. und Fax 0043/5372/6 41 72), ganz gemütlich bei Wein und Brotzeit. Öffnungszeiten: täglich 16–24 Uhr, Ruhetag: Montag.
Höhenunterschied: 620 m
Gesamtdauer: Aufstieg 1 Stunde 45 Minuten, Abfahrt 15 Minuten
Länge: 5,3 km
Durchschnittsgefälle: 12 %
Karte: Topografische Karte, Maßstab 1:50 000, Kompass-Wanderkarte WK 9 / Kaisergebirge
Fremdenverkehrsamt: Tourismusverband Kufstein, Unterer Stadtplatz 8, A-6330 Kufstein, Tel. 0043/5372/6 22 07, Fax 6 14 55, E-Mail kufstein@netway.at

46 Spatenau-Alm – Hochries

Weit weg von Hektik und Stress, liegt unter der Hochries das idyllische Hochtal der Spatenau-Alm, die bei den Einheimischen unter dem Namen Doagl-Alm bekannt ist. Ein kurzer Anstieg und eine geruhsame Rodelbahn werden hier geboten, zusätzlich hat man bei schönem Wetter einen weiten Blick über das Rosenheimer Land.

Aufstieg Vom Parkplatz führt der gut beschilderte Weg durch den Fichtenwald mäßig bergauf, nach einer Kehre kann man die schnellere, aber gleichzeitig auch steilere Abkürzung rechts durch den Wald nehmen. Wer Zeit hat, geht geradeaus weiter. Nach ca. 20 Minuten Gesamtgehzeit führt der Weg rechts am Waldrand entlang, es folgt ein etwas flacherer Abschnitt. Nach weiteren 5 Minuten trifft man auf die eiligen Zeitgenossen, die die Abkürzung vorgezogen haben. Nun wird der Weg steiler und führt bergauf bis zu einer Linkskurve, dort zweigt rechts der Weg zur Spatenau-Alm (Doagl-Alm) ab. Unterwegs konnte man auf einigen Lichtungen den wunderschönen Blick über das Alpenvorland genießen. Jetzt schlängelt sich der Weg ein Stück bergab, führt über einen Bach und man sieht die Alm vor sich.

Die **Spatenau-Alm (Doagl-Alm;** 980 m) wird von der Familie Sattlberger (Tel. 08032/8219 oder 8734) an den Winterwochenenden und während der Ferien bewirtschaftet. Es gibt Brotzeit und einfache Gerichte. Bei Hochbetrieb (kommt ab und zu vor) kann es Engpässe bei der Versorgung hungriger Rodler geben. Man tröstet sich mit dem malerischen Anblick der vielen alten Schlitten, Oldtimerraritäten aus einheimischen Kellern oder dem erhebenden Ausblick von dem kleinen Hügel hinter der Alm. Übernachtungsmöglichkeit in Lagern.

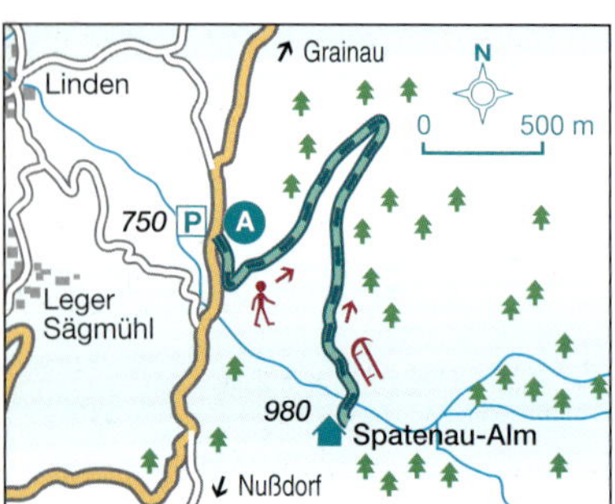

Abfahrt Ein kurzes Stück muss der Schlitten gezogen werden, dann geht es zügig bergab; hier ist Vorsicht geboten, durch überfrierende Nässe können Eisplatten entstehen und man landet unversehens im Stacheldraht. Am Waldrand stellt sich die Alternative – rodelt man geradeaus die holprige, enge Abkürzung durch den Wald oder zieht man den Schlitten nach rechts über den flachen Abschnitt (ca. 5 Minuten). Letzteres ist vor allem mit Kindern vorzuziehen. Ab der Linkskehre nimmt das Gefälle zu und nach 500 m treffen sich die beiden Wege wieder. Nach der letzten Kurve sollte man unbedingt abbremsen, hier führt die Bahn mit Gefälle auf die Straße.

46

Tourencharakter Familienfreundliche Tour, mit einer längeren Flachstelle. Anstieg und Rodelbahn befinden sich auf einer gemeinsamen Trasse, deshalb sollte man aufmerksam hochwandern und vorausschauend abfahren.
Offizielle Rodelbahn, meist geräumt.

Schwierigkeitsgrad: 1–2
Ausgangsort: Grainbach am Samerberg
Anfahrt: Autobahn A 8 München – Salzburg bis zur Ausfahrt Achenmühle, in Achenmühle rechts abbiegen bis Grainbach, ca. 3 km weiter Richtung Duft/Duftbräu, im Wald Parkplatz Spatenau. Öffentlich schwierig zu erreichen; mit der Bahn bis Rosenheim, umsteigen in den Bus 9493 (auch sonntags) bis Grainbach am Samerberg, von dort zu Fuß 3 km.
Einkehren: Ein ausgezeichnetes Lokal am Samerberg ist das Cafe Maximilian der Familie Scheibenzuber, Tel. 08032/84 31 in Törwang, Mittwoch Ruhetag. Ente satt gibt es bei Peter Schrödl, dem Entenwirt in Törwang Tel. 08032/88 15 www.entenwirt.de, Montag Ruhetag
Höhenunterschied: 230 m
Dauer: Aufstieg 45 Minuten, Abfahrt 10 Minuten
Länge: 2 km
Durchschnittsgefälle: 11 %
Karte: Topografische Karte Chiemgau, Maßstab1:50 000, Bayerisches Landesvermessungsamt München
Fremdenverkehrsamt: Tourist-Information Samerberg, Tel. 08032/86 06, Fax 98 94 19, E-Mail info@samerberg.de, Internet www.samerberg.de

TIPP Eine der ältesten Kirchen des Samerbergs ist St. Nikolaus und Ägidius in Grainbach. Die Kirche liegt außerhalb des Dorfes auf einem vorgeschobenen Moränenhügel. Sie vermittelt in besonders einprägsamer Weise das Bild einer spätmittelalterlichen Kirche des Inngebietes. Schon von außen kann man erkennen, dass die romanischen und gotischen Fenster barockisiert wurden. Über dem spätgotischen Portal unter der Vorlaube erkennt man eine Freskodarstellung des Schweißtuches der Veronika und darunter im Kreis ein Kreuz, beide um 1470. Überraschend ist die gewaltige Mauerstärke von 1,6 m. Die gotischen Stichkappengewölbe wurden bei Neubau von Turm und Presbyterium um 1470/80 eingezogen. Die Kirche wurde Anfang des letzten Jahrhunderts in Rokokomanier ausgemalt. Auf dem Deckengemälde im Presbyterium der hl. Nikolaus als Retter in Seenot, im Langhaus der hl. Einsiedler Ägidius mit Hirschkuh, die von Jägern verfolgt wird.

Rodelbahn unterhalb der Spatenau-Alm

47 Hochries – Mittelstation

Schon seit Jahrzehnten dient der Fahrweg zur Mittelstation der Hochries als flotte Rodelbahn für die Einwohner am Samerberg. Die schnelle Abfahrt, der schöne Blick über das Hochtal und die Möglichkeit, mit dem Sessellift die 200 Höhenmeter zu überwinden, machen diese Tour so beliebt.

Sessellift: Der Hochriessessellift (Tel. 08032/97550) führt bis zur Mittelstation, Betriebszeiten täglich, 9.30–17 Uhr, die Bergfahrt kostet ca. 4 Euro.

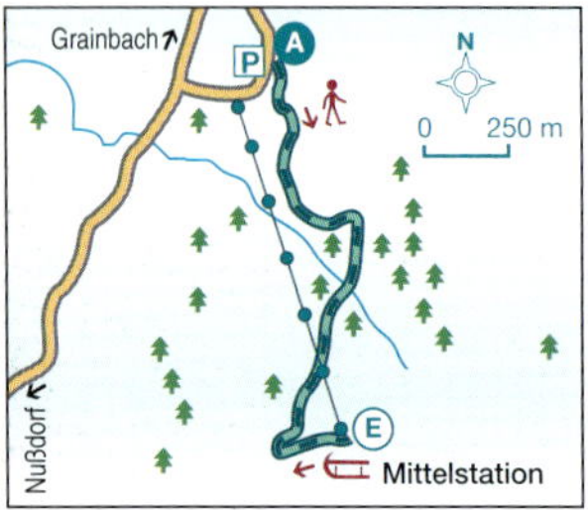

Aufstieg Der Weg beginnt links vom Parkplatz der Talstation auf der Rodelstrecke. Auf dem gesamten Weg können Rodler mit hoher Geschwindigkeit entgegenkommen! Der Weg führt auf Almwiesen in weiten Serpentinen mal links mal rechts unter dem Sessellift mit Blick über das Samerberger Hochtal den Nordhang bergauf. Nach ca. 20 Minuten durchquert man einen kleinen Wald und nach einer guten halben Stunde ist die Mittelstation erreicht, hier kann man einkehren.

Tourencharakter Diese Rodelstrecke hat eine ziemlich schnelle, oft harte Fahrbahn, und ist im oberen Streckenteil häufig vereist. Sie eignet sich für Jugendliche und Erwachsene sowie große geübte Kinder. Die Rodelbahn wird als Anstiegsweg genutzt, deshalb sollte man aufmerksam hochwandern und besonders an der kurzen Pistenquerung, vorausschauend abfahren.
Offizielle Rodelbahn, meist geräumt.

Schwierigkeitsgrad: 2–3
Ausgangsort: Samerberg
Anfahrt: Autobahn A 8 München – Salzburg bis zur Ausfahrt Achenmühle, in Achenmühle rechts abbiegen bis Grainbach und am Parkplatz der Hochriesbahn parken. Mit der Bahn bis Rosenheim, umsteigen in den Bus 9493 (auch sonntags) bis Grainbach am Samerberg. Von der Busstation bergan noch etwa 5 Minuten.
Einkehren: Wer auf mit Liebe Gekochtes in einen liebevoll renovierten Gasthof Lust hat, ist in der Alpenrose, bei Familie Lerche, Tel. 0 80 32/82 63 in Grainbach sicher gut aufgehoben, Montag Ruhetag.
Höhenunterschied: 215 m, Talstation 710 m, Mittelstation 925 m
Gesamtdauer: Aufstieg 30 Minuten, Abfahrt 5 Minuten
Länge: 1,5 km
Durchschnittsgefälle: 14 %
Karte: Topografische Karte Chiemsee und Umgebung, Maßstab 1:50 000, Bayerisches Landesvermessungsamt München
Fremdenverkehrsamt: Verkehrsverein Samerberg, Dorfplatz 3 (Törwang), 83120 Samerberg, Tel. 08032/8606, Fax 98 94 19, E-Mail info@samerberg.de, Internet www.samerberg.de

Von Freitag bis Sonntag ist die **Käser-Alm**, Familie Wiesholzer, Tel. 0 80 32/18 96 60 geöffnet.

Abfahrt Die Rodelbahn wird bei Vereisung nicht unbedingt geschlossen, in dem Fall ist sie wirklich nur für Geübte zu empfehlen. Zunächst geht es flott durch den Wald, dann in weiten Serpentinen bergab. Es folgt eine Querung der mäßig befahrenen Skipiste. Dann schwingt sich die Bahn in weiten Bögen den Berg hinab. Im unteren Drittel ist nicht abgenommener Stacheldrahtzaun am Wegrand aufgefallen – Achtung! Kurz vor dem Parkplatz und der Fahrstraße rechtzeitig Tempo reduzieren.

Abendstimmung

TIPP In der Hochrieshütte kann man übernachten, 5 Doppelzimmer und 24 Matratzenlager stehen für Gäste zur Verfügung, bewirtschaftet wird sie von Familie Wallner (Tel. und Fax 08032/82 10, Internet www.hochrieshuette.de). Über Riesen- und Frasdorfer-Hütte kann man gemütlich (Tour 47), über die Doagl-Alm steiler absteigen (Tour 44).

Rodelbahn an der Hochries

48 Frasdorfer Hütte – Frasdorf

Langweilig wird es auf dieser Tour nie, Bergbäche, Mischwälder und schöne Almen begleiten den Weg auf die idyllisch gelegene Hütte, die auf einer Hochebene direkt unterm Riesenberg liegt. Und recht einsam ist die Wanderung, insbesonders unter der Woche bleibt man hier für sich.

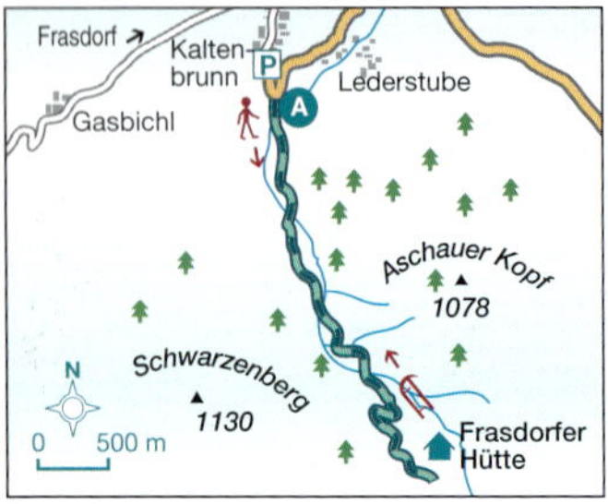

Früher stand ein indianischer Totempfahl in der **Frasdorfer Hütte** (950 m). Es gibt aber keine Berichte, dass je ein Gast von der freundlichen Wirtin, Ina Thaurer (Tel. 08052/ 51 40, www.frasdorfer-huette.de), gemartert worden wäre.
Im Gegenteil, in der gemütlichen Wirtsstube herrscht Gastfreundschaft, es gibt einfaches, aber schmackhaftes Essen und ein weiteres Hüttenspecial: Reserviert man rechtzeitig, kann man sich eines der Folk-Pop-Jazzkonzerte in der Hütte anhören. Übernachten kann man in einem der beiden Doppelzimmer oder der 46 Lagerplätze. Mittwoch–Freitag 17–24 Uhr, Samstag und Sonntag ab 10 Uhr. Betriebsferien: eine Woche Ende Dezember.

Aufstieg Vom Wanderparkplatz Lederstube zieht man den Schlitten noch etwa 100 m bergan und zweigt bei der Weggabelung links ab. Hier geht der Weg ein kleines Stück bergab bis zur Brücke über die Ebnater Ache. Nun folgt ein kurzer Abschnitt mit mäßiger Steigung, dann geht der Weg allmählich durch den Mischwald zügig bergauf. Immer wieder hat man einen schönen Ausblick auf den munteren Bergbach. Nach etwa 20 Minuten wird der Weg flacher, kurz darauf folgt man nicht dem Sommerweg, der links des Baches weiterführt, sondern überquert den Bach, indem man über die Brücke nach rechts geht. Nun nimmt die Steigung wieder etwas zu; man plagt sich die Steigung gemächlich hoch, die nach etwa 5 Minuten schon wieder abnimmt. Man biegt bei einer Weggabelung links ab – die Hälfte der Tour ist geschafft. Jetzt geht der Weg ein paar Meter bergab zum Bach, es lohnt sich, sich dafür auf den Schlitten zu setzen. Entlang des Wegs stehen uralte wunderschöne Bergahorne, rechts oben kann man das geschmackvoll renovierte Forsthaus Zellboden, das idyllisch am Hang liegt, bewundern. Der Bach wird nochmals überquert, man zieht an ihm bis kurz vor die Rauch-Alm entlang, die altehrwürdig in ihrem Taleinschnitt hockt, und erfrischt sich am Brunnen mit eiskaltem Wasser. Dann überquert man ein letztes Mal den Bach nach rechts und zieht den Rodel in einer lang gezogenen Schleife weiter bergauf, die kräftige Steigung des Wegs kommt uns später bei der Abfahrt zugute. Nach insgesamt einer Stunde erreicht man die Hochfläche. Vor uns erhebt sich steil der Riesenberg. Links sieht man bereits ein kleines Rauchfähnchen und bald darauf ist unser Ziel erreicht.

Abfahrt Anfangs muss man seinen Schlitten etwa 5 Minuten ziehen. Aber dann geht der Weg hurtig entlang des Taleinschnitts bergab; man schaut, dass man die Haarnadelkurve ohne Geschwindigkeitsreduzierung nehmen kann und saust weiter zur nächsten großen Kurve an der Rauch-Alm. Von dort geht der Weg übersichtlich und mit gutem Gefälle bis zum Zellerboden weiter. Achtung, hier hängt Stacheldraht an den Seiten! Ein kleines Stück zieht man den Schlitten hoch, ab der Brücke geht der Weg wieder flott bergab. Er ist hier etwas unübersichtlich und vereinzelt könnte Gegenverkehr auftauchen. Bis zur Brücke fällt der Weg mit Ausnahme einer kleinen Anhöhe ausreichend, aber nicht zu steil ab. Am Ende des Forstwegs zieht man den Schlitten noch über eine Flachstelle an der Brücke, dann erreicht man den Parkplatz.

Aufstieg zur Frasdorfer Hütte

TIPP Wenn es die Schneelage erlaubt, kann man etwa eine weitere Stunde und 400 Höhenmeter mit dem Schlitten zur Riesenhütte (Tel. 08052/2921) aufsteigen und dort in einem der 12 Betten oder 30 Matratzenlager übernachten. Josef Bachmann ist der Wirt der ganzjährig ohne Ruhetag geöffneten Hütte.

Tourencharakter Bei guten Schneeverhältnissen eine nicht zu steile, ideale Familienrodeltour für geübte Kinder. Anstieg und Rodelbahn befinden sich auf einer gemeinsamen Trasse, deshalb sollte man aufmerksam hochwandern und vorausschauend abfahren.
Inoffizielle Rodelbahn, meist geräumt.

Schwierigkeitsgrad: 2
Ausgangsort: Frasdorf
Anfahrt: Autobahn A 8 München – Salzburg bis zur Ausfahrt Frasdorf, im Ort links hoch Richtung Lederstube, am Ende der Straße rechts Wanderparkplatz. Mit der Bahn bis Rosenheim, umsteigen in Bus 9496 oder 9494 nach Frasdorf oder Bus 9500 von München nach Reit im Winkl, in Frasdorf aussteigen, weiter Richtung Lederstube, am Ende der Straße Wanderparkplatz. Das ist der Ausgangspunkt.

Höhenunterschied: 300 m
Gesamtdauer: Aufstieg 1 Stunde 10 Minuten, Abfahrt 10 Minuten
Länge: 3,5 km
Durchschnittsgefälle: 8,5 %
Karte: Topografische Karte Chiemgau, Maßstab 1:50 000, Bayerisches Landesvermessungsamt München
Fremdenverkehrsamt: Verkehrsamt Frasdorf, Schulstr. 7, 83112 Frasdorf, Tel. 08052/17 96 25, E-Mail info@frasdorf.com, Internet www.frasdorf.com

49 Priener Hütte – Sachrang

Wer die lange Tour auf die Priener Hütte nicht scheut, wird gleich doppelt belohnt: zum einen mit einer traumhaften Landschaft, zum andern mit einer wirklich langen, schönen Abfahrt. Für einige Flachstellen auf der Rodelbahn entschädigen zügige Gefällestrecken.

Aufstieg Vom Wanderparkplatz geht man zuerst über die Brücke, dann den Fahrweg, der sich mit mittlerer Steigung durch den Mischwald zieht, hinauf und erreicht nach etwa 25 Minuten eine Anhöhe mit einem schön renovierten Bauernhaus. Bis hierher verläuft die offizielle Sachranger Rodelbahn. Zunächst führt der Weg leicht bergab zu einem Bach, dann vorwiegend eben bis zu einem kleinen Waldsee, von dort mit leichter Steigung bis zu einer Kehre mit einer Forsthütte. Dort hält man sich rechts, ab hier wird der Weg etwas steiler, man kann rechts über den Baumwipfeln die schöne Aussicht in diesem Abschnitt genießen. Ist man etwa 50 Minuten unterwegs, zweigt links der steilere Sommerweg über die Tal-Alm ab, gemütlicher geht der Weg geradeaus, den kleinen munteren Bergbach entlang. In der scharfen Linkskehre, die man nach insgesamt etwa 1 $^1/_4$ Stunden erreicht, kann man geradeaus auf dem steilen Steig

Priener Hütte

49

Tourencharakter Lange Rodeltour für ausdauernde, geübte Rodler, auch für geübte große Kinder. Voraussetzung für die Tour ist die Befahrbarkeit im oberen Drittel. Hier fährt gelegentlich die Pistenraupe durch. Dann ist die Rodelbahn wunderbar zu befahren. Anstieg und Rodelbahn befinden sich auf einer gemeinsamen Trasse, deshalb sollte man aufmerksam hochwandern und vorausschauend abfahren.
Inoffizielle Rodelbahn, nicht unbedingt geräumt.

Schwierigkeitsgrad: 3
Ausgangsort: Sachrang
Anfahrt: Autobahn A 8 München – Salzburg bis zur Ausfahrt Frasdorf, weiter durch Aschau Richtung Sachrang, am Parkplatz kurz vor Sachrang auf der linken Seite das Auto abstellen. Mit der Bahn bis Aschau, umsteigen in Bus 9502. Ausgangspunkt ist der Wanderparkplatz kurz vor Sachrang.
Einkehren: Rodler mit gehobenen Ansprüchen speisen im Posthotel in Sachrang (Tel. 08057/9 05 80), Ruhetag: Di. Dorfstraße 7.
Rodelverleih: Skischule Sachrang, Kohlstattweg 4, Sachrang, Tel. 08057/10 15
Höhenunterschied: 670 m
Gesamtdauer: Aufstieg 2 Stunden 15 Minuten, Abfahrt 45 Minuten
Länge: 8 km
Durchschnittsgefälle: 9 %
Karte: Topografische Karte Chiemgau, Maßstab 1:50 000, Bayerisches Landesvermessungsamt München
Fremdenverkehrsamt: Verkehrsverein Sachrang, Dorfstraße 20, 83229 Sachrang, Tel. 08057/378, Fax 10 51, E-Mail info@sachrang.de, Internet www.sachrang.de

abkürzen. Wenn viel Schnee liegt oder der Steig vereist ist, kann man diesen Pfad, der ca. 10 Minuten spart, getrost vergessen. Gemütlicher geht der Weg links weiter, an der Privathütte Tal-Alm vorbei über Almwiesen und nach einer Viertelstunde in einer Kehre rechts weiter. Nach einer Dreiviertelstunde trifft der Weg wieder auf den Steig, ab hier wird die Strecke ziemlich steil. 10 Minuten später, nach einer Kuppe, wird die Bahn zunächst flach, windet sich dann zu einem Bach hinunter und steigt gemächlich zur Hütte, die wir bereits seit einiger Zeit sehen können, auf.

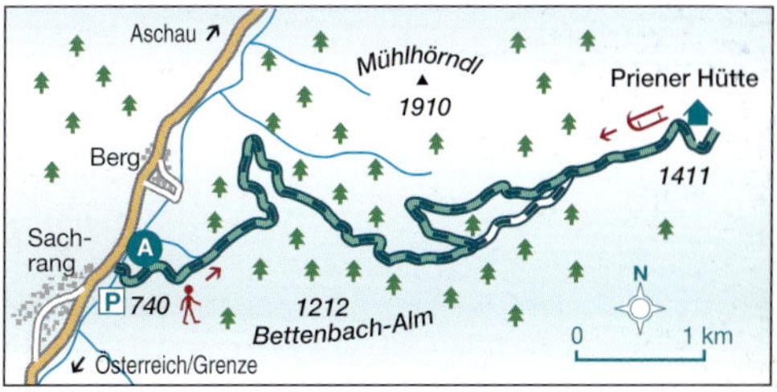

Abfahrt Die Mutigen fahren direkt unter der Terrasse ab, die Besonnenen nehmen den großen Bogen bis zum Bächlein. Von dort zieht man den Rodel etwa 5 Minuten bis zur Kuppe. Jetzt wird der Weg bis zu der Stelle, an der der Steig abzweigt, steil. Es ist nicht empfehlenswert, den Steig abzufahren, besonders bei Eis ist er im unteren Bereich gefährlich! Außerdem hat man kaum

Hier geht's rasant hinab.

Chancen, entgegenkommenden Fußgängern und Tourenskifahrern auszuweichen. Deshalb fährt man hier besser geradeaus und zieht seinen Schlitten über die kurze Flachstelle vor den Almwiesen. Dann geht die Bahn mit guter Geschwindigkeit bergab, es folgen zwei kräftige Kurven und dann wird es wiederum für ein kurzes Stück flach. Nach einer S-Kurve führt die Bahn in schneller Fahrt bis zu der engen Linkskurve mit der Forsthütte weiter. Kurz darauf können wir uns auf einem flachen Abschnitt entspannen, etwa eine Viertelstunde muss man den Schlitten auf fast ebener Strecke ziehen. Ab der Lichtung geht der Weg in schneller Fahrt mit ein paar schönen Kurven zu unserem Ausgangspunkt zurück.

Die **Priener Hütte** (1411 m), eine große Alpenvereinshütte, wird von Christl Robl (Tel. 08057/428) bewirtschaftet. Von der Terrasse hat man eine sagenhafte Aussicht auf das Kaisergebirge. Übernachten kann man in einfachen, aber netten Zimmern (35 Betten) oder auf einem der 70 Matratzenlager. Für Kleingruppen gibt es ein separates Lager. Geöffnet ist die Hütte täglich, ganzjährig.

TIPP Das Müllner-Peter-Museum in Sachrang im Dachgeschoss des ehem. Schulhauses ist im Winter in der Weihnachtszeit bis ca. 06.01. 14–17 Uhr geöffnet; es zeigt das Leben des Bürgers, Bauers, Müllers und Heilkundigen Peter Huber (1766–1843).

Staffn-Alm – Marquartstein 50

Von der schön gelegenen Berggaststätte Staffn-Alm mit exzellenter Aussicht auf den Hochgern und die Chiemseeebene führt eine zünftige Rodelbahn nach Marquartstein. Der sportliche Rodler wird es sich nicht nehmen lassen, in einem eineinhalbstündigen Fußmarsch durch einen von Bächen durchzogenen Mischwald auf die Staffn-Alm zu wandern.

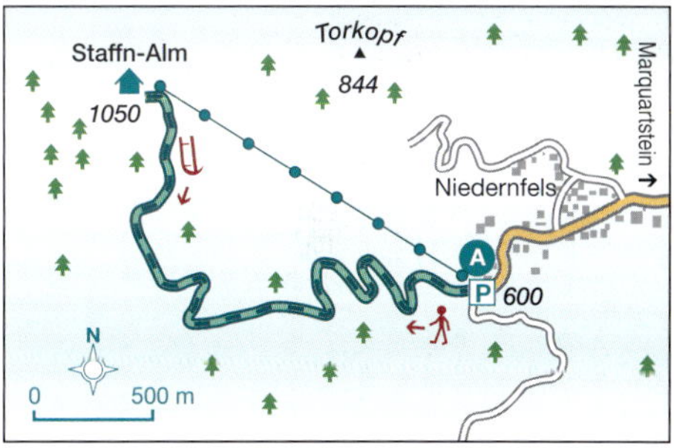

Aufstieg Der Weg führt anfangs mit leichter Steigung, dann in weiten Schleifen durch den Hochwald bergauf. Nach etwa 20 Minuten Gehzeit hält man sich bei der Gabelung links, hier wird der Weg zunehmend steiler. Man quert einige kleine Bäche und kommt nach insgesamt etwa 40 Minuten an eine Stelle mit schöner Aussicht aufs Tal. 5 Minuten später sieht man rechts in eine Schlucht hinab, taucht wieder in den Mischwald ein und ist nach insgesamt eineinhalb Stunden an

Tourencharakter Lange und anspruchsvolle Rodelbahn im Wald, für größere geübte Kinder geeignet. Anstieg und Rodelbahn befinden sich auf einer gemeinsamen Trasse, deshalb sollte man aufmerksam hochwandern und vorausschauend abfahren.
Inoffizielle Rodelbahn, aber meist geräumt.

Schwierigkeitsgrad: 3
Ausgangsort: Marquartstein
Anfahrt: Autobahn A 8 München – Salzburg bis zur Ausfahrt Bernau, weiter bis Marquartstein Zentrum, dann den Wegweisern Richtung Hochplattenbahn folgen, an der katholiscben Pfarrkirche vorbei, Loitshauser Straße, Dorfstraße, Schlossstraße, ca. 1,5 km, Parkplatz an der Talstation der Hochplattenbahn. Mit der Bahn bis Prien oder Übersee, von dort aus mit dem Bus 9505 nach Marquartstein Bahnhof, ca. 2,5 km Fußweg nach Niedernfels zum Ausgangspunkt, der Talstation Hochplattenbahn.
Einkehren: Landgasthof zur Hochplatte (Tel. 08641/ 6 13 17) in Piesenhausen, Ruhetag: Dienstag.
Höhenunterschied: 450 m
Gesamtdauer: Aufstieg 1 Stunde 30 Minuten, Abfahrt 10 Minuten
Länge: 3,5 km
Durchschnittsgefälle: 13 %
Karte: Topografische Karte Chiemgau, Maßstab 1:50 000, Bayerisches Landesvermessungsamt München
Fremdenverkehrsamt: Verkehrsamt Marquartstein, Bahnhofstraße 3, 83250 Marquartstein, Tel. 08641/69 95 58, Fax 69 95 59, E-Mail verkehrsamt@marquartstein.de, Internet www.marquartstein.de

Die **Staffn-Alm** (1050 m) ist ein kleiner gastlicher Berggasthof und wird von Familie Scheid (Tel. 08641/77 40, www.staffn-alm.de) freundlich bewirtschaftet. Übernachtungsmöglichkeit gibt es keine. Im Winter ist die Gaststätte vom 25. Dezember bis zum Osterdienstag geöffnet.

Sessellift: Erleichtern kann man sich den Aufstieg mit der Hochplattenbahn, einem älteren, aber durchaus vertrauenswürdigen Sessellift (Tel. 08641/72 16), Betriebszeiten täglich 9.45–16 Uhr, die Bergfahrt kostet 4,50 Euro, Rodelverleih an der Talstation. Betriebsruhe 1.11.–24.12.

der Bergstation des Sessellifts. Von dort sind es nur noch wenige Minuten zur Staffn-Alm.

Abfahrt von der Staffn-Alm

Abfahrt Hinter dem Haus fängt die Bahn an, die sich anfangs in leichten Kurven durch den Wald schlängelt. Nach etwa 200 m wird die Bahn etwas ausgesetzter, links geht's runter in die Schlucht. Hier fährt man sicherer, wenn man sein Tempo drosselt. Nach etwa der Hälfte der Strecke wird sie wieder flacher, in mehreren engen Kehren kann man beweisen, dass man seinen Rodel in der Hand hat.

TIPP Herren- und Fraueninsel im Chiemsee werden auch im Winter von der Chiemseeschifffahrtslinie angefahren. Die Jahreszeit ist vielleicht romantischer als der Sommer, weil sich weitaus weniger Touristen auf die Inseln verirren. Besonders der Park auf der Herreninsel ist auch im Winter traumhaft. Das Königsschloss Herrenchiemsee ist täglich mit Ausnahme der Weihnachtsfeiertage geöffnet, im Winter sind stündlich Führungen von 9.40– 15.40 Uhr. Chiemsee-Schifffahrt Ludwig Fessler, Seestraße 108, 83209 Prien am Chiemsee, Tel. 08051/60 90, Fax 08051/62 94, Internet www.chiemsee-schifffahrt.de.

Agergschwend-Alm – Marquartstein

51

Wenn andere Bergregionen am Winterwochenende überlaufen sind, findet man am Hochgern durchaus noch die Ruhe der Natur. Ein moderater Aufstieg durch den Fichtenwald auf der sonnigen Seite des Bergs führt uns zu einer Bilderbuch-Alm mit Panoramablick auf die Chiemgauer Berge.

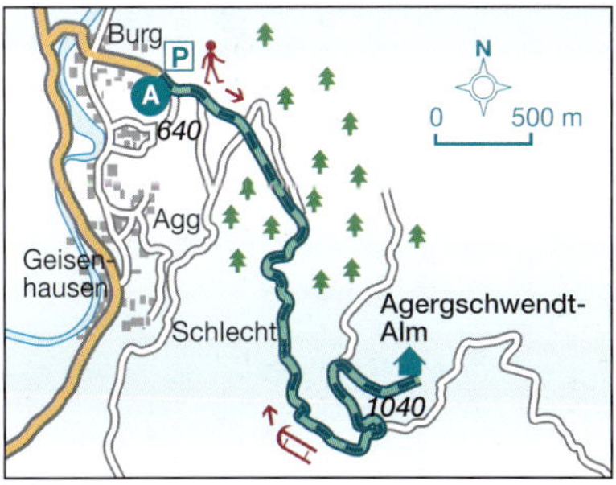

Aufstieg Anfangs nimmt man abhängig von der Schneelage entweder den Forstweg, der rechter Hand am Parkplatz beginnt und in weiten Schleifen bergan führt, oder den etwas steileren Hohlweg, der geradeaus etwas steiler im Wald verläuft. Dieser ist eng und man muss damit rechnen, dass Rodler in flotter Fahrt entgegenkommen. Daher sollte man vor allem mit Kindern und auch um die eigenen Schienbeine zu

Tourencharakter Der ganzen Familie bietet sich hier eine abwechslungsreiche Tour. Wegen der Südlage ist die Rodelbahn schnell aper; ohne Vereisung und mit ausreichend Schnee ist sie sehr zu empfehlen. Anstieg und Rodelbahn befinden sich auf einer gemeinsamen Trasse, deshalb sollte man aufmerksam hochwandern und vorausschauend abfahren. Inoffizielle Rodelbahn, aber meist geräumt.

Schwierigkeitsgrad: 2
Ausgangsort: Marquartstein
Anfahrt: Autobahn A 8 München – Salzburg bis zur Ausfahrt Bernau, weiter Richtung Reit im Winkl bis nach Marquartstein. Im Ort von der Hauptstraße links abbiegen, über die Brücke in den Ortsteil Alt-Marquartstein, immer Richtung Burg, in der Kurve die Burgstraße eng und steil bergauf, nach ca. 1 km linker Hand Wanderparkplatz. Mit der Bahn bis Marquartstein, vom Bahnhof sind es ca. 10 Minuten bis zum Wanderparkplatz.
Einkehren: In Marquartstein findet man ein größeres Angebot an Gaststätten.
Höhenunterschied: 400 m
Dauer: Aufstieg 1 Stunde 30 Minuten, Abfahrt 15 Minuten
Länge: 3,5 km
Durchschnittsgefälle: 11 %
Karte: Topografische Karte Chiemsee und Umgebung, Maßstab 1:50 000, Bayerisches Landesvermessungsamt München
Fremdenverkehrsamt: Verkehrsamt Marquartstein, Bahnhofstraße 3, 83250 Marquartstein, Tel. 08641/69 95 58, Fax 69 95 59, E-Mail verkehrsamt@marquartstein.de, Internet www.marquartstein.de

51

schützen auf diesem Abschnitt erhöhte Aufmerksamkeit walten lassen. Der Hohlweg kreuzt nach kurzer Zeit den Forstweg und mündet nach ca. 20 Minuten in diesen ein. Nun führt der Weg rechts gemütlich weiter, bis man nach etwa 10 Minuten eine Weggabelung erreicht. Hier kann man eine Pause einlegen und den Blick weit hinüber zum Geigelstein genießen.
Nicht zu steil und nicht zu flach, grad richtig gemütlich zieht man den Schlitten weiter, an einem Fischweiher vorbei bis zu einer Abzweigung. Hier geht der Weg links ab. Wer dort in der Kurve sitzen bleibt, muss damit rechnen, dass er vom ziemlich flotten Gegenverkehr niedergerodelt wird. Nach den nächsten 10 Minuten, bei denen man außer Atem kommen könnte, halten wir uns bei der Abzweigung rechts, von dort sind es noch etwa 15 Minuten zu unserem Ziel. Auf den letzten Metern über verschneite Almwiesen strömt einem schon der Duft von Holzfeuer und Gulaschsuppe entgegen.

Abfahrt Von der Agergschwend-Alm zieht man den Schlitten das kurze Stück bis zum Waldrand und fährt dieselbe Strecke, auf der man raufgekommen ist, mal schneller, mal gemütlicher. Nach etwa 5 Minuten sollte man laut schreien oder langsam fahren, denn in der engen Rechtskurve sitzen häufig

Die **Agergschwend-Alm** (1040 m) selbst ist eine Augenweide mit dem Rosenstock über der Küchentür. Sie bietet eine großartige Aussicht aufs Tal.
Die Alm wird von der freundlichen Familie Ager (Tel. 08641/ 84 81) betrieben. Hungrige Rodler werden mit eigenen Demeterprodukten in Form von Brotzeit und selbst gebackenen Kuchen verwöhnt. Gesünder geht es kaum. Übernachtungsmöglichkeit gibt's keine.
Geöffnet ist die Alm an jedem Wochenende und – bei schönem Wetter – durchgehend vom 25. Dezember bis zum 6. Januar.

Familien mit Kleinkindern oder hungrigen Huskies. Nach 10 Minuten kann man wieder links durch den Wald in den Hohlweg einbiegen. Die Abfahrt ist eng, holprig, gefährlich und aufregend. Sicherer ist es, auf dem Forstweg zu bleiben.

TIPP Wenn es Schneeverhältnisse und Kondition erlauben, kann man seinen Schlitten von der Agergschwend-Alm noch etwa eine Stunde und 500 Höhenmeter bis zum ganzjährig bewirtschaften Hochgernhaus, Familie Sima (Tel. 08641/6 19 19, Internet www.hochgernhaus.de), ziehen und dort übernachten. Dazu gibt es 15 Betten und 20 Matratzenlager. Vom Haus hat man bei entsprechendem Wetter ein wunderbares Panorama über die Tegernseer und die Chiemgauer Berge sowie das Kaisergebirge. Vom Gipfel aus sieht man weit über den Chiemgau.

Agergschwend-Alm

52 Feldlahn-Alm – Oberwössen

Die kleine, aber feine Rodelabfahrt in den Chiemgauer Alpen liegt einsam und vergessen in der Nähe des Wintersportzentrums Reit im Winkl. Die Tour kann man ideal mit einer Winterwanderung zur idyllischen Feldlahn-Alm verbinden.

Aufstieg Der Weg beginnt flach, zieht sich am Waldrand entlang, bis man den Bach erreicht und zieht sich von dort in weiten Serpentinen den Bergrücken hoch. Es geht zügig bergauf, man gewinnt schnell an Höhe. Der Blick zurück ins Tal lohnt sich, man hat einen schönen Blick auf Oberwössen und die bewaldeten Bergrücken ringsum. Nach etwa 15 Minuten wird der Weg wieder flacher und nach weiteren 5 Minuten endet die geräumte

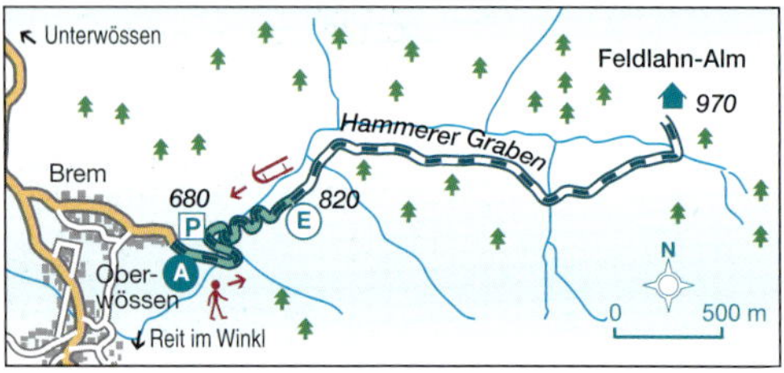

Tourencharakter Über einen kleinen Bergrücken zieht die Familienrodelbahn in weiten Schleifen, teils auf sonnigen Almwiesen, teils im Mischwald. Anstieg und Rodelbahn befinden sich auf einer gemeinsamen Trasse, deshalb sollte man aufmerksam hochwandern und vorausschauend abfahren. Schlittenschloss mitnehmen.
Offizielle Rodelbahn, im unteren Teil meist geräumt.

Schwierigkeitsgrad: 2
Ausgangsort: Oberwössen
Anfahrt: Autobahn A 8 München – Salzburg bis zur Ausfahrt Bernau, weiter Richtung Reit im Winkl bis zum Ortsteil Brem am Ortsanfang von Oberwössen, dann Richtung Hammerer Graben. Beim Sägewerk parken (Achtung: begrenztes Parkplatzangebot). Mit der Bahn bis Prien, dann umsteigen in Bus 9505 oder direkt mit Bus 9500 von München Richtung Reit im Winkl. Ausgangspunkt Ortsmitte Oberwössen, von dort Richtung Hammerer Graben.
Einkehren: Gehobene Preisklasse bestimmt die Speisekarte des urigen Cafés Marchl von Familie Gruber (Tel. 08640/ 81 54), Dorfstr. 13, Litzelau; Ruhetag: Donnerstag, einfacher, aber durchaus zu empfehlen ist das Gasthaus am Campingplatz Litzelau, Familie Duda (Tel. 08640/217), Ruhetag: Montag.
Höhenunterschied: 140 m (210 m)
Gesamtdauer: Aufstieg 20 Minuten, Abfahrt 5 Minuten
Länge: 1,5 km (zur Feldlahn-Alm 3,2 km)
Durchschnittsgefälle: 12 %
Karte: Topografische Karte Chiemgau, Maßstab 1:50 000, Bayerisches Landesvermessungsamt München
Fremdenverkehrsamt: Verkehrsamt Oberwössen, Dorfstraße 19, 83246 Oberwössen, Tel. 08640/87 50, Fax 13 10, E-Mail tourismus@oberwoessen.de, Internet www.unterwoessen.de

Die **Feldlahn-Alm** (970 m) liegt auf einer sonnigen Waldlichtung und wird mit viel Herz von Georg Götschl (Tel. 08641/8093) bewirtschaftet. Spezialität sind Pressknödel und Almnussen. Übernachtungsmöglichkeit gibt es nach Anmeldung, 14 Betten stehen zur Verfügung. Geöffnet ist die Alm vom 1. Mai bis 1. Nov. u. vom 25. Dez. bis 6. Jan. täglich, sonst am Wochenende.

Strecke. Theoretisch könnte man seinen Schlitten weiter bis zur Feldlahn-Alm ziehen, doch ein gewissenhafter Oberförster verhindert die Räumung des Forstwegs, vermutlich könnte dieser durch Rodler zerstört werden. Man kann jedoch den Schlitten am Ende der Bahn stehen lassen und noch etwa 40 Minuten auf nicht sehr steilem Weg zur Feldlahn-Alm weiterwandern; es lohnt sich!
Bei guten Schneeverhältnissen sollte man den Schlitten ruhig mitnehmen, teilweise reicht das Gefälle zum Abfahren.

Klapprodel können problemlos transportiert werden.

Abfahrt Ab der Feldlahn-Alm führt der Weg erst ein Stück bergauf, später hat er wieder leichtes Gefälle. Nach etwa 20 Minuten ist man am Start der Rodelbahn, die hübsch langsam anfängt und nach der ersten Kurve ziemlich flott wird. Gut kurvig führt sie weiter, die letzte Kehre ist ziemlich eng, sie fordert unser ganzes Fahrkönnen. Der letzte Abschnitt zum Parkplatz ist eher flach.

TIPP Schnaps-Museum Reit im Winkl: Im kleinen Museumsladen der Brennerei Penninger, Dorfstraße 10 in Reit in Winkl kann man verschiedene Schnäpse kaufen und eine alte Kupfer-Brennerei besichtigen. Öffnungszeiten: Mo–Fr: 10–18 Uhr, Sa: 10–13 Uh, So. 10–13 Uhr.
Für Antialkoholiker: nach der Rodeltour schwimmen. In Unterwössen gibt es ein kleines, aber sehr ansprechendes Schwimmbad mit Sauna (Tel. 08641/6 12 16, Internet www.sportbad-achental.de).

53 Hindenburghütte – Reit im Winkl

Eine lange, schön gelegene Rodelbahn führt mit gutem Gefälle von der Hindenburghütte nach Reit im Winkl. Wenn man zu Fuß die drei Kilometer hochwandert, wird man immer wieder von voll besetzten Kleinbussen, die die Hindenburghütte anfahren, überholt – das stört zwar gewaltig, aber das Rodelvergnügen ist trotzdem Spitze.

Aufstieg Vom Wanderparkplatz in Blindau zieht man seinen Rodel über die Brücke des großen Steinbaches, nach einer Lichtung führt der Weg stetig ansteigend im Wald aufwärts. Nach einer halben Stunde Gehzeit erreicht man die Lichtung der Gschwend-Alm, hier wird es nach einer Kehre kräftig steil. Bei gleich bleibender Steigung führt der Weg schräg zum Hang durch lockeren Bergwald weiter, nach insgesamt gut eineinviertel Stunden sieht man linker Hand eine Bergwachthütte. Von dort sind es nicht mehr ganz 10 Minuten bis zur Hindenburghütte.

Abfahrt Unbedingt sollte man sich an die vorgeschriebenen Abfahrtszeiten halten, denn die Kleinbusfahrer fahren mit ordentlichem Tempo nach oben, da wird der Bremsweg für den Rodler kurz und Platz zum Ausweichen gibt es nicht. Rodeln ist erst ab 12 Uhr zulässig und dann nur in bestimmten Perioden. An der Hindenburg-Hütte stehen erläuternde Schilder, im Zweifelsfall fragt man einen der Fahrer. Die Abfahrt ist von Anfang an ziemlich steil, man sollte besonders auf entgegenkommende Fußgänger aufpassen. Der erste Abschnitt bis zur Gschwend-Alm geht angenehm dahin, nach der lang gezogenen Rechtskurve ist es empfehlenswert, das Tempo zu reduzieren, hier und in der darauf folgen-

Pendelbusse: Die Hindenburg-Hütte wird mindestens stündlich durch die Firma Dirnhofer (Tel. 08640/17 63) angefahren. Haltestellen sind die Touristinformation in Reit im Winkl und der Wanderparkplatz am Beginn der Rodelbahn.

Hindenburg-hütte

53

Tourencharakter Lange, in Teilbereichen anspruchsvolle Rodelbahn mit gutem Gefälle. Anstieg und Rodelbahn befinden sich auf einer gemeinsamen Trasse, deshalb sollte man aufmerksam hochwandern und vorausschauend abfahren.
Offizielle Rodelbahn, meist geräumt.

Schwierigkeitsgrad: 3
Ausgangsort: Reit im Winkl – Blindau
Anfahrt: Autobahn A8 München – Salzburg bis zur Ausfahrt Bernau, etwa 25 km weiter bis Reit im Winkl, Parkplatz. Mit der Bahn bis Prien, umsteigen in Bus 9505 nach Reit im Winkl. Ausgangspunkt ist der Ortsteil Blindau bzw. die Tourist-Information Reit im Winkl, wenn man mit dem Bus hochfahren möchte.
Einkehren: In Reit im Winkl gibt es ein großes gastronomisches Angebot; idyllische gemütliche Wirtshäuser sind schwer auszumachen, am ehesten ist es der Theresenhof, Hausbachweg 3, Reit im Winkl, Tel. 08640/85 14, kein Ruhetag.
Höhenunterschied: 550 m
Gesamtdauer: Aufstieg 1,5 Stunden, Abfahrt 10 Minuten
Länge: 3 km
Durchschnittsgefälle: 18 %
Karte: Topografische Karte Chiemgau, Maßstab 1:50 000, Bayerisches Landesvermessungsamt München
Fremdenverkehrsamt: Verkehrsamt Reit im Winkl, Rathausplatz 1, 83242 Reit im Winkl, Tel. 08640/80020, Fax 80029, E-Mail info@reit-im-winkel.de, Internet www.reit-im-winkl.de

Die **Hindenburghütte** (1260 m) liegt sehr schön am Hang mitten auf einer großen Lichtung. Auch innen entspricht sie unseren Vorstellungen einer Hütte, hier kann man sich gemütlich niederlassen. Bewirtschaftet wird sie von Familie Dirnhofer (www.hindenburghuette.de; Tel. 08640/84 25), Übernachtungsmöglichkeit gibt es keine. Der Wirt macht Volksmusik. Geöffnet täglich ab Dezember bis April. Hier kann man sich einfache Rodel ausleihen.

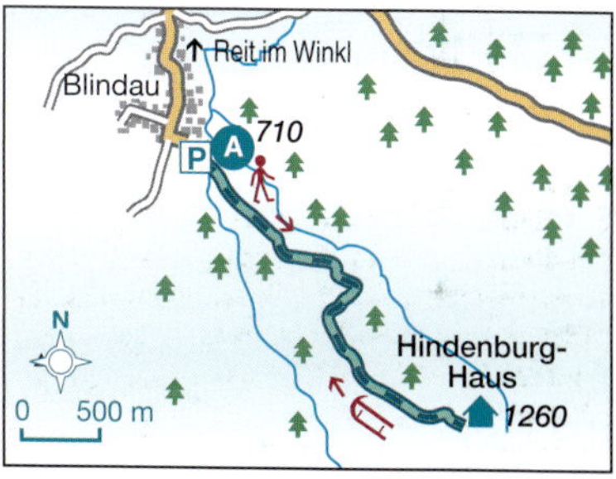

den Kehre ist der Verlauf der Rodelbahn etwas unübersichtlich. Nach der Gschwend-Alm folgt ein gerader, nicht ganz so steiler Abschnitt. Nur kurz vor dem Parkplatz sollte man in den unübersichtlichen Kurven mit Bedacht rodeln. Nach insgesamt etwa 10 Minuten ist man wieder am Ausgangspunkt.

TIPP Die ruhige, vom Kfz-Verkehr völlig ungestörte Hochebene der Hemmersuppen-Almen ist ein vorzügliches Winterwandergebiet. Empfehlenswert ist die rodlerisch uninteressante, aber landschaftlich sehr reizvolle Winterwanderung zur oberen Hemmersuppen-Alm (30 Minuten).

54 Maria Eck – Bergen

Wer eine Wallfahrt auf zwei Kufen unternehmen möchte, ist bei dem alten Wallfahrtsort Maria Gern am rechten Ort. Eine schöne Familienrodelbahn verbindet die Talstation der Hochfellnbahn mit dem Wallfahrtsort Maria Gern. Auf einem alten Kreuzweg im Wald zieht man den Schlitten hinauf zu Kirche und Wirtshaus.

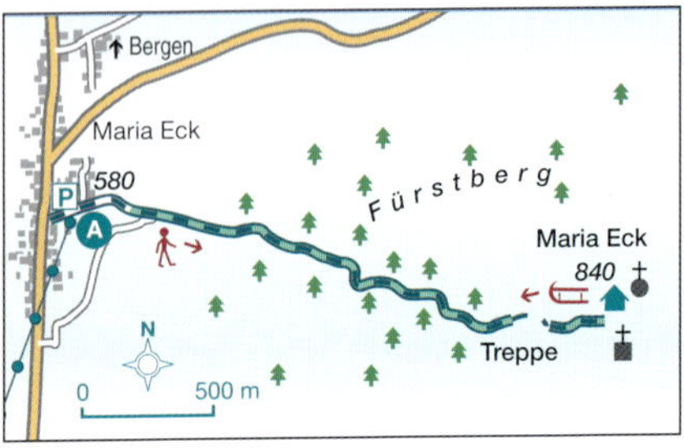

Aufstieg Vom Parkplatz an der Talstation ziehen wir unseren Schlitten auf dem Weg, der rechts an der Gaststätte Mühlwinkler Stüberl vorbeiführt, Richtung Wald. Hier verlässt man das muntere Treiben des Skifahrervölkchens, man hält sich nach einigen hundert Metern bei den Holzhütten halb rechts und nach kurzem ist es ganz einsam und ruhig.

Im Wald beginnt der Kreuzweg mit seinen zwölf Stationen; wer mitzählt weiß, wie weit es noch zum Ziel ist. Der Weg zwischen hohen Fichten führt mit gleichmäßiger, gut erträglicher Steigung an der Nordseite des Hochfelln nach oben. Nach etwa 50 Minuten ist der Weg abgerutscht, Treppen erleichtern die Überquerung der Senke; 10 Minuten später ist man am Ziel. Nach rechts geht es zum Kloster mit der sehenswerten Antoniuskapelle, links kann man Wirtshaus und Klostergaststätte besichtigen.

Die **Klostergaststätte Maria Eck** (840 m) ist ein nobles Gasthaus mit gediegener Hintergrundmusik und gut gekleideten Kellnern (Tel. 08662/93 96). Im Februar ist ein paar Wochen Betriebsruhe. Die Wallfahrt selbst reicht zurück bis in das 16. Jh. Die Trachtenwallfahrt gehört ebenso wie die Wallfahrt der Behinderten aus dem Chiemgau zu den Hauptereignissen des Jahres. Das Kloster bietet zusätzlich zur Seelsorge für die Wallfahrer die Möglichkeit zu Einkehrtagen und Besinnungswochen für Einzelne und kleinere Gruppen (Tel. 08662/4 98 50). Seit 1891 sind die Franziskaner-Minoriten in dem kleinen Kloster bei Maria Eck. Die Minoriten sind eine Bruderschaft, die weitgehend nach den Regeln des Franz von Assisi lebt.

Abfahrt Zwischen Kirche und Kloster zweigt nach Westen ein schmaler Weg Richtung Bergen ab, dort fährt man etwa 300 m ab, dann muss man aufgrund eines Erdrutsches den Schlitten auf einer Länge von ca. 50 m durch eine Senke mit Treppen tragen. Danach geht die Fahrt auf breitem Weg durch den schönen Bergwald flott weiter. Die Bahn ist leicht geschwungen und übersichtlich, trotzdem sollte man auf die Fußgänger achten, die hier spazieren gehen. Kurz nachdem man aus dem Wald kommt, quert eine Loipe. Einige

Tourencharakter Einfache, nur an einer Stelle unterbrochene Rodelbahn; für geübte Rodler und geübte Kinder ohne besondere Schwierigkeiten zu befahren. Ein Großteil der Bahn wird präpariert. Anstieg und Rodelbahn befinden sich auf einer gemeinsamen Trasse, deshalb sollte man aufmerksam hochwandern und vorausschauend abfahren.
Offizielle Rodelbahn, meist geräumt.

Schwierigkeitsgrad: 2
Ausgangsort: Bergen
Anfahrt: Autobahn A 8 München – Salzburg bis zur Ausfahrt Bergen, Richtung Bergen, durch den Ort bis zur Hochfelln-Seilbahn, dort links auf den großen Parkplatz an der Talstation der Seilbahn. Alternativer Ausgangspunkt Maria Eck, Autobahn A 8 München – Salzburg bis zur Ausfahrt Schweinbach, Richtung Siegsdorf, im Ort rechts Richtung Bergen, nach ca. 800 m links nach Maria Eck, Parkmöglichkeiten in Maria Eck. Mit der Bahn bis Bergen (Bahnhof liegt ca. 2 km außerhalb des Orts), umsteigen in Bus 9514; Ausgangspunkt ist die Talstation der Hochfelln-Seilbahn.
Einkehren: An der Talstation der Hochfelln-Seilbahn findet man die einfache Gaststätte Mühlwinkler Stüberl, bewirtschaftet von Familie Mezger (Tel. 08662/88 86), Ruhetag: Freitag.
Höhenunterschied: 250 m
Gesamtdauer: Aufstieg 1 Stunde, Abfahrt 15 Minuten
Länge: 2,2 km
Durchschnittsgefälle: 11 %
Karte: Topografische Karte Chiemgau, Maßstab 1:50 000, Bayerisches Landesvermessungsamt München
Fremdenverkehrsamt: Verkehrsamt Bergen, Raiffeisenplatz 4, 83346 Bergen, Tel. 08662/83 21, Fax 58 55, E-Mail verkehrsamt-bergen@t-online.de, Internet www.bergen.de

hundert Meter zieht man auf flacher Strecke den Schlitten zum Ausgangspunkt.

TIPP Maximilianshütte (in der Nähe des Seilbahnparkplatzes): Bis zur Stilllegung im Jahr 1931 war das bedeutende Eisenwerk in Betrieb. Die heute noch sichtbaren Bauten sind unter König Ludwig I. durch Umbau entstanden. Zur Zeit wird in dem Industriedenkmal eine Sammlung von Produkten und Informationen über die Eisenhütte gezeigt. Das kleine Museum Maxhütte dokumentiert die wechselvolle die Geschichte eines Hüttenwerks und wie mühsam früher Eisen gewonnen und verarbeitet wurde. Es ist leider nur von Mai bis Mitte Oktober geöffnet.

Das wunderschöne gelegene Maria-Eck

55 Raffner-Alm – Ruhpolding

Lang ist sie nicht, die Rodelbahn, die versteckt im schattigen Wald unterm Unternberg liegt. Aber sie hat ein gutes Gefälle und – sehr angenehm – der Aufstieg ist getrennt von der Abfahrt. Für kleine Kinder bietet sich die Möglichkeit unten am Schlittenhang allein zu rodeln, während die Fortgeschrittenen die schnelle Bahn abfahren.

Aufstieg Zunächst geht der Weg von Stocking quer über den Wiesenhang bergauf, dann links am Waldrand entlang Richtung Weingarten. Ein kurzes Stück windet sich der Weg durch den Wald, dann kommen wir nach etwa 15 Minuten Fußweg zu dem Weiler Weingarten; dieser besteht lediglich aus einem Wirtshaus mit einer Aussichtsterrasse, von der man einen schönen Blick über Ruhpolding genießen kann. Wer jetzt bereits erschöpft ist, kann hier einkehren. Hinter der Gaststätte führt der Weg rechts über Almwiesen weiter. Ein kurzes Stück geht man durch den Mischwald, dann an der Fahrstraße links; nach ein paar Minuten haben wir unser Ziel erreicht.

Die **Raffner Alm** (1000 m) liegt auf einer Lichtung unterhalb des Unternberg-Gipfels nahe der Unternberg-Talstation und wird von der Familie Kecht (Tel. 08663/94 74) bewirtschaftet. Von Weihnachten bis Ostern können hungrige Rodler und Skifahrer sich hier mit bayerischen Schmankerln verwöhnen lassen (Ruhetage: Donnerstag und Freitag). Bei Skibetrieb kann es hier schon mal voll werden.

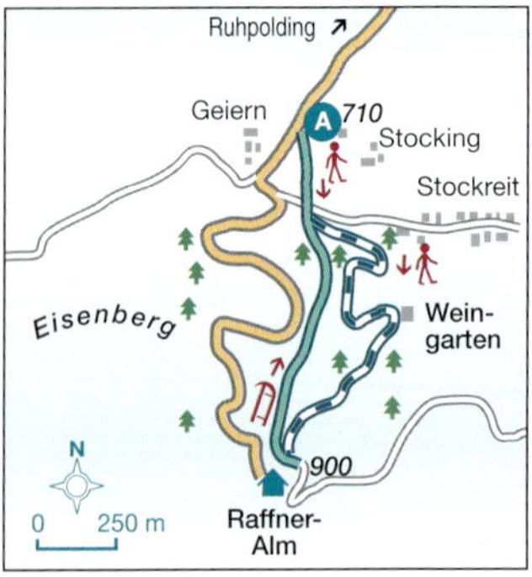

Abfahrt Mutige fahren direkt von der Alm zur Rodelbahn hinunter, Wanderer gehen die Teerstraße hinunter: Achtung: Hier kommen Fahrzeuge entgegen! Etwa 100 m nach der Alm zweigt rechts, entlang des kleinen Baches, die Rodelbahn ab. Jetzt geht der Weg zügig in leichten Kurven bergab; bei der schmalen Brücke sollte man aufpassen, Tempo reduzieren und nicht in den Bach fallen. Ab dem Waldrand langsam fahren, hier könnten Fahrzeuge queren. Nun geht's noch flott über den Wiesenhang, auf dem der Nachwuchs rodelt, und schon ist man wieder am Ausgangsort.

TIPP In Laubau, 7 Kilometer südlich von Ruhpolding findet man das Holzknechtmuseum, in dem in die Geschichte der Holzknechte, ihre Lebens- und Arbeitsbedingungen und die Entwicklung ihrer Geräte und Werkzeuge gezeigt werden. In Szenarien mit lebensgroßen Figuren wird der schwere Arbeitsalltag nachgestellt. Interessant die Rodelbilder mit den großen, lebensgefährlichen Hornschlitten. Tel.

Rast unterhalb der Raffner-Alm

08663/639, www.holzknechtmuseum.com Geöffnet in den Weihnachtsferien ab 27.12. täglich 13–17 Uhr
Nach der Rodeltour ist das Erlebnis- und Wellnessbad »Vita Alpina« in Ruhpolding, Brander Str. 1, Tel. 08663/4 19 90, Internet www.vita-alpina.de, der ideale Ort zum Entspannen und Aufwärmen. Dort lassen sich Badespaß und Saunavergnügen für die ganze Familie verbinden: Wellenbecken, Thermalaußenbecken, Riesenrutsche, Wasserspielplatz, Saunalandschaft, Restaurant, Bar.

Tourencharakter Kurze, aber schnelle Bahn, auf der ein Aufstieg in der Sonne von der Abfahrt im Schatten möglich ist. Durch die schattige Nordlage ziemlich schneesicher.
Offizielle Rodelbahn, meist geräumt.

Schwierigkeitsgrad: 2
Ausgangsort: Ruhpolding
Anfahrt: Autobahn A8 München – Salzburg bis zur Ausfahrt Traunstein-Siegsdorf, in der Ortsmitte nach dem Bach rechts zuerst 1,5 km der Ausschilderung Märchenpark, dann 0,5 km der Wegweisung Raffner-Alm bis zum Ortsteil Stocking folgen, dort Parkplatz suchen. Mit der Bahn bis Ruhpolding, umsteigen in Dorfbus Linie B, Ausgangspunkt ist Stocking.
Einkehren: Ganz gut kann man beim Aufstieg in Weingarten bei Familie Haßlberger (Tel. 08663/ 92 91) einkehren, Ruhetag: Montag.
Höhenunterschied: 180 m
Gesamtdauer: Aufstieg 30 Minuten, Abfahrt 5 Minuten
Länge: 1,1 km (Rodelbahn) 1,7 km (Aufstieg)
Durchschnittsgefälle: 16 %
Rodelverleih: Bei der Familie Gstatter in Stocking (Tel. 08663/ 25 10) können Rodel ausgeliehen werden.
Karte: Topografische Karte Chiemgau, Maßstab 1:50 000, Bayerisches Landesvermessungsamt München
Fremdenverkehrsamt: Kurverwaltung Ruhpolding, Hauptstraße 60, 83324 Ruhpolding, Tel. 08663/ 8 80 60, Fax 88 06 20, E-Mail tourismus@ruhpolding.de, Internet www.ruhpolding.de

56 Kugelbachbauer – Bad Reichenhall

Ein abwechslungsreicher, nicht zu langer Aufstieg und eine gemütliche Einkehr mit Schmankerlküche heben diese Rodelbahn in den Rang einer idealen Familientour. Auch landschaftlich ist hier einiges geboten: Neben einem Bächlein und schönem Mischwald kann man eine Klamm und einen sehenswerten Aussichtspunkt besichtigen.

Aufstieg Kurz vor dem Gasthof Kaitl zweigt links die alte Thumseestraße ab, auf der geht man einige Meter entlang, bis man am alten Brunnhaus nach rechts in die Kugelbachstraße abbiegt. Man wandert an schönen stark eingewachsenen Villen vorbei und nach ein paar Minuten erreicht man den kleinen Waldparkplatz. In einer Ecke findet man eine bescheidene Grabstätte von französischen Soldaten, die hier im Zweiten Weltkrieg ihr Leben lassen mussten. Von hier führt die Forst-

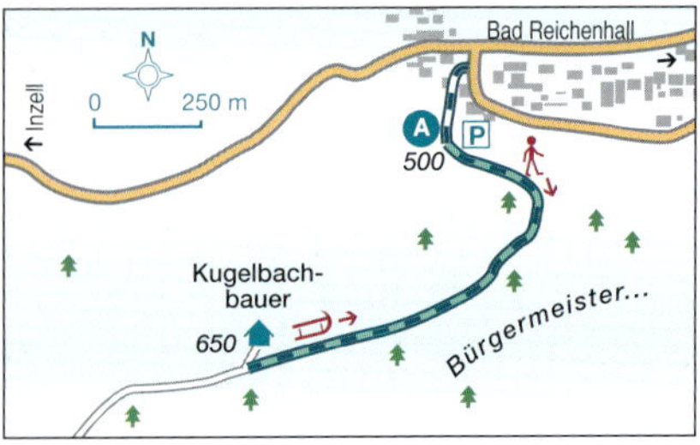

Tourencharakter Nicht sehr anspruchsvolle und nicht sehr lange, schattige Rodelbahn auf einem Forstweg. Anstieg und Rodelbahn befinden sich auf einer gemeinsamen Trasse, deshalb sollte man aufmerksam hochwandern und vorausschauend abfahren.
Inoffizielle Rodelbahn, meist geräumt.

Schwierigkeitsgrad: 2
Ausgangsort: Bad Reichenhall
Anfahrt: Autobahn A 8 München – Salzburg bis zur Ausfahrt Bad Reichenhall, durch den Ort, links Richtung Inzell, etwa 1 km nach der Saalachbrücke links in die Thumseestraße, dort oder am Waldparkplatz parken. Mit der Bahn bis Bad Reichenhall, umsteigen in Stadtbus 2, Ausgangspunkt Gasthof Kaitl.
Einkehren: Mit guter bayerischer Küche wartet der Madlbauer am Thumsee auf (Tel. 08651/22 96, Ruhetage: Montag und Dienstag) oder man kehrt beim Listwirt, Nonn 111, Bad Reichenhall, Tel. 08651/ 62400, am Listsee ein und rodelt nach dem Essen auf der dortigen Rodelbahn weiter.
Höhenunterschied: 150 m
Gesamtdauer: Aufstieg 45 Minuten, Abfahrt 5 Minuten
Länge: 1,5 km
Durchschnittsgefälle: 10 %
Karte: Topografische Karte Berchtesgadener Land, Maßstab 1:50 000, Bayerisches Landesvermessungsamt München
Fremdenverkehrsamt: Kur- und Verkehrsverein Bad Reichenhall, Wittelsbacherstraße 15, 83435 Bad Reichenhall, Tel. 0865/60 60, E-Mail info@bad-reichenhall.de, Internet www.bad-reichenhall.de

straße mit guter Steigung bergauf. Nach 5 Minuten kann man einen Schwenk zur Amalienhöhe machen. Unter der Halbkuppel, über deren architektonische Schönheit man streiten könnte, hat man einen wunderbaren Ausblick auf das Reichenhaller Tal. Zurück auf unserem Weg können wir nach etwa 5 Minuten in einer lang gezogenen Rechtskurve links vom Weg die interessante Felsformation der Reischelklamm betrachten. Die Klamm selbst ist nicht zugänglich, aber etwa hundert Meter weiter bergauf zweigt links ein Weg zu einer Stelle ab, an der man einen Blick von oben in die Klamm werfen kann. Kleine Kinder an die Hand nehmen, die Klamm ist tief und die Bergwacht weit. Wieder zurück auf unserem Weg ziehen wir unseren Schlitten entlang eines kleinen Bächleins etwa 20 Minuten auf gleichmäßiger Steigung weiter bergauf. Dann sieht man rechts oben auf dem Hügel bereits die Gaststätte.

Flotte Abfahrt unterhalb des Listsees

Abfahrt Je nach Schneelage kann man ein Stück in Richtung des in dieser Jahreszeit unbewirtschafteten Paul-Gruber-Hauses aufsteigen um die Abfahrt zu verlängern, Gehzeit etwa eine Stunde. Es geht bis zu dem Naturfreundehaus stetig, für die anschließende Rodelabfahrt gleichmäßig durch den Mischwald bergauf. Die Abfahrt ist leicht kurvig und enthält keine besonderen Schwierigkeiten. Vom Kugelbachbauern fährt man auf breiter Forststraße ab, nach etwa 700 Metern kommt eine lang gezogene Linkskurve; auf der Außenseite der Kurve werden die abgedrifteten Rodler von Jungwuchs aufgefangen. Kurz darauf wird es bis zum Waldparkplatz etwas steiler. Von hier an muss man den Schlitten dann auf flachem Wege bis zum Ausgangspunkt ziehen.

Ein schönes Haus an einem idyllischen Platz ist die **Almwirtschaft Kugelbachbauer** (650 m). Die Gaststube ist nicht sehr groß, aber um so gemütlicher und die Wirtin, Frau Gruber (Tel. 08651/ 6 42 92) kocht mit Liebe – und das schmeckt man.
Wer gern Kässpatzn mag, sollte sie unbedingt probieren. Übernachten kann man hier leider nicht.
Ruhetag: Donnerstag.

TIPP Die erste »Pipeline« der Welt, eine Soleleitung aus ausgehöhlten Baumstämmen galt im 17. Jh. als Weltwunder: In den Jahren 1617–19 erbaute der herzogliche Hofbaumeister Simon Reifenstuel eine Leitung, in der die Sole von Reichenhall über Inzell nach Traunstein gepumpt wurde. Dabei wurden etwa 240 Höhenmeter überwunden. In Traunstein wurde das Salzwasser in großen Sudpfannen verdampft, das Salz blieb übrig. Die Trasse der Soleleitung, von der noch Rohre zu sehen sind, verläuft unterhalb des Kugelbachbauern.

57 Listwirt – Bad Reichenhall

Nördlich von Bad Reichenhall versteckt sich in einer Mulde der kleine, aber wunderbar klare Listsee, der Höhepunkt einer abwechslungsreichen, nicht sehr anspruchsvollen Rodeltour. Interessante Variante: Sowohl beim Hinweg als auch beim Rückweg steigt man auf und fährt man ab.

Aufstieg Man passiert die Einfahrt des Bergbauernhofs Schwaiger und geht geradeaus weiter in den Wald, danach geht man an einer Schranke vorbei und wandert auf der Forststraße zunächst flach, dann mit mittlerer Steigung durch den Mischwald bergwärts. Rechter Hand erhebt sich majestätisch der Hochstaufen. Leicht geschwungen führt uns der Weg zum Listanger, den man nach etwa 20 Minuten erreicht. Vor der kleinen Forsthütte auf der Lichtung führt der Weg rechts zunächst flach, dann mit leichtem Gefälle zum Listsee. Dort kann man, vorausgesetzt er ist nicht zugefroren, die intensive Farbe des sauberen Bergsees bewundern. Ist das Idyll genügend genossen, fährt man rechts zum Listwirt ab. In leichten Kurven schwingt sich die Bahn zunächst durch den Wald, später über Wiesen.

Flachstelle beim Listsee

Abfahrt Vom Listwirt steigt man etwa 10 Minuten zum Listsee auf, zieht den Schlitten zunächst ansteigend links am See vorbei, dann wird der Weg kurz eben. Ab dem Listanger, der kleinen Forsthütte, hält man sich links und fährt auf dem Forstweg, der entlang des Hangs läuft, ab. In leichten Kurven schwingt sich die nicht allzu steile Bahn ins Tal. Achtung, hier können Maultiere des Bundesgrenzschutzes entgegenkommen. Nach einem knappen Kilometer wird der Forstweg flach. Kurz darauf erreicht man den Ausgangspunkt.

TIPP Im Salzmuseum in der alten Saline in Bad Reichenhall kann man die historische Salzgewinnung sehr anschaulich nach-

57

Tourencharakter Eine geruhsame Familientour, die teils sonnig, teils schattig durch den Bergwald führt. Anstieg und Rodelbahn befinden sich auf einer gemeinsamen Trasse, deshalb sollte man aufmerksam hochwandern und vorausschauend abfahren; vor allem, weil hier an sonnigen Tagen doch einige Kurgäste unterwegs sind.
Inoffizielle Rodelbahn, nicht unbedingt geräumt.

Schwierigkeitsgrad: 2
Ausgangsort: Bad Reichenhall
Anfahrt: Autobahn A 8 München – Salzburg bis zur Ausfahrt Bad Reichenhall, durch den Ort, links Richtung Inzell, etwa 1 km nach der Saalachbrücke rechts in die Schmalschlägerstraße, gleich wieder rechts in die Staufenstraße, bei den Fischweihern links und dem Straßenverlauf bis zum Ende folgen, dort parken, Achtung begrenzte Parkmöglichkeit! Mit der Bahn bis Bad Reichenhall, umsteigen in Stadtbus 2, Ausgangspunkt Gasthof Kaitl, rechts in die Schmalschlägerstraße, gleich wieder rechts in die Staufenstraße, ein paar Meter weiter links in die Zwieselstraße, dem Straßenverlauf bis zum Weiler Langacker folgen, dann links die Straße zum Listsee bergauf.
Höhenunterschied: 140 m
Gesamtdauer: Aufstieg und Abfahrt 35 Minuten, Rückweg Aufstieg und Abfahrt 20 Minuten
Länge: 1,6 km
Durchschnittsgefälle: 9 %
Karte: Topografische Karte Berchtesgadener Land, Maßstab 1:50 000, Bayerisches Landesvermessungsamt München
Fremdenverkehrsamt: Kur- und Verkehrsverein Bad Reichenhall, Wittelsbacherstraße 15, 83435 Bad Reichenhall, Tel. 08651/60 60, Fax 60 63 11, E-Mail info@bad-reichenhall.de, Internet www.bad-reichenhall.de

vollziehen. Tel. 08651/0 02-146, www.salzwelt.de, geöffnet November bis April Di–Fr und 1. Sonntag im Monat von 14–16 Uhr. Die Alte Saline gilt als das bedeutendste bayerische Industriedenkmal und beherbergt das Bad Reichenhaller Salzmuseum.

Im Quellenbau unter der Alten Saline, in der noch heute Sole abgebaut wird, drehen sich seit 150 Jahren ununterbrochen die 13 m hohen Wasserräder, die das Wasser der Solequellen aus den Klüften des Gebirges hochpumpen. Im Salzmuseum lernen die Besucher den technischen Wandel bei der Siedesalzherstellung und die heutige Arbeitsweise der Saline kennen.

Der **Listwirt** (580 m), eine gemütliche kleine Berggaststätte, wird von Familie Niederberger (Tel. 08651/ 6 24 00) mit solchem Erfolg geführt, dass es an manchen Wochenenden schwierig ist, Platz zu finden. Und es sind nicht nur Kurgäste, die sich bei guter bayerischer Küche von der Kurdiät erholen. Keine Übernachtungsmöglichkeit. November geschlossen; Ruhetage: Mo. und Di.

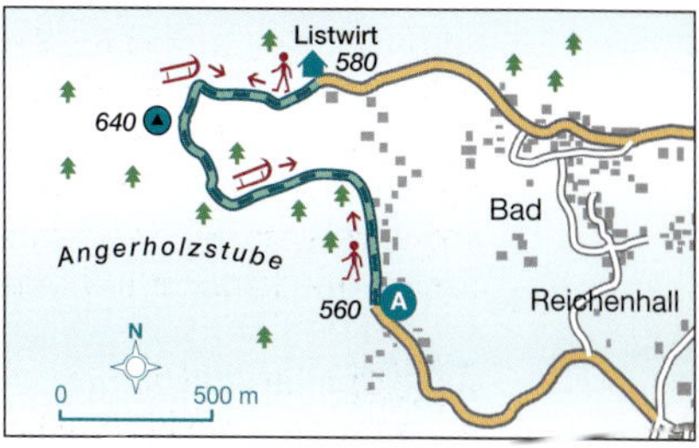

58 Bayrisch Gmain – Rodelbahn

Eine recht flotte und ziemlich schneesichere Rodelbahn liegt am Nordhang des Lattengebirges im Alpgartental. Der Anstieg zu der kurzen, aber anspruchsvollen Rodelbahn mit ausgebauten Kurven führt ein Stück am romantischen Wildbach entlang.

Startpunkt der Rodelbahn

Aufstieg Vom Wanderparkplatz führt rechts der Rodelbahn ein bequemer Forstweg hinauf. Angenehmerweise sind Aufstieg und Abfahrt getrennt, so kann man seinen Schlitten entspannt nach oben ziehen. Nach etwa 5 Minuten Gehzeit öffnet sich der herrliche Blick auf das tief eingeschnittenen Wappbachtal und den Hochstaufen auf der gegenüberliegenden Seite. Bei der Weggabelung nach insgesamt ca. 10 Minuten Fußmarsch bleibt man links des Bachs und biegt nach weiteren 5 Minuten links Richtung Hochstaufen ab. Nach wenigen Metern erreicht man den Startpunkt der Rodelbahn.

Abfahrt Kein Gegenverkehr, das Gefälle erlaubt eine zügige Abfahrt; zumindest bis zur Hälfte der Strecke ist es ziemlich steil. Im unteren Bereich stehen die Bäume ziemlich nah an der Bahn, deshalb sind schwerere Fahrfehler möglichst zu vermeiden.

TIPP Nach der Rodeltour können sich erschöpfte Rodler im warmen Salzwasser mit Alpenpanorama regenerieren: In der Rupertustherme, Tel. 01805/60 67 06, www.rupertustherme.de, kann man sich in Salzwasser entspannen. Sauna und Massagen, Warmwasser- (32°C) und Sprudelbecken (34°C) stellen den Rodler vollends wieder her: Beim Baden wird der Soleanteil von der Haut aufgenommen. Durch die Erweiterung der kleinen und kleinsten Hautgefäße kommt es damit zur besseren Durchblutung der Haut und der darunter liegenden Muskulatur. Somit werden Schmerzpunkte gedämpft und geschädigte Strukturen qualitativ verbessert.

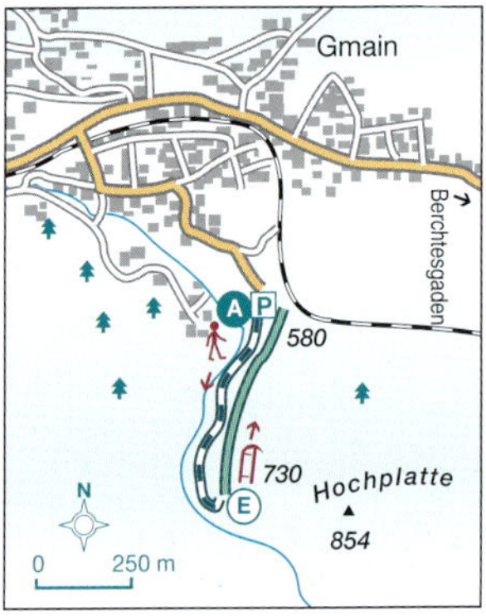

Der Aufstieg wird mit einer herrlichen Aussicht belohnt.

Tourencharakter Die Rodelbahn ist mit Wällen abgesichert, die ein Abkommen von der Bahn verhindern sollen, und wird von der Gemeinde maschinell präpariert. Sie führt durch dichten Hochwald, es ist also gefährlich, von der Bahn abzukommen.
Offizielle Rodelbahn, meist geräumt.

Schwierigkeitsgrad: 3
Ausgangsort: Bayerisch Gmain
Anfahrt: Autobahn A 8 München – Salzburg bis zur Ausfahrt Bad Reichenhall durch Bad Reichenhall Richtung Berchtesgaden, am Ortsanfang rechts von Bayerisch Gmain der Wegweisung Wanderzentrum/Rodelbahn folgen, großer Wanderparkplatz am Ende der Straße. Mit der Bahn bis Bayerisch Gmain, der Wegweisung Wanderzentrum/Naturrodelbahn folgen.
Einkehren: Einkehren kann man beim frisch renovierten Bauerngirgl, der Wirt heißt Franz Berger (Tel. 08651/2625), Spezialität: Hirsch, Ruhetag: Montag.
Höhenunterschied: 150 m
Gesamtdauer: Aufstieg 15 Minuten, Abfahrt 3 Minuten
Länge: 750 m
Durchschnittsgefälle: 20 %
Rodelverleih: Gegen Vorlage der Gästekarte kann man beim Verkehrsamt kostenlos einen Zweierrodel ausleihen.
Karte: Topografische Karte Berchtesgadener Land, Maßstab 1: 50 000, Bayerisches Landesvermessungsamt München
Fremdenverkehrsamt: Kur- und Verkehrsverein Bad Reichenhall, Wittelsbacherstraße 15, 83435 Bad Reichenhall, Tel. 08861/60 60, Fax 60 63 11, E-Mail info@bad-reichenhall.de, Internet www.bad-reichenhall.de

59 Eckau-Alm – Ramsau

Wer eine ruhige und einsame Schlittentour mit rasanter Abfahrt sucht, für den ist die Eckau-Alm unterm Hochkalter im Nationalpark Berchtesgaden genau das Richtige. Statt Hüttenzauber gibt es Tee aus der Thermoskanne und man kann auf der menschenleeren Lichtung auf dem Schlitten sitzen, Wild beobachten und die herrliche Ruhe genießen.

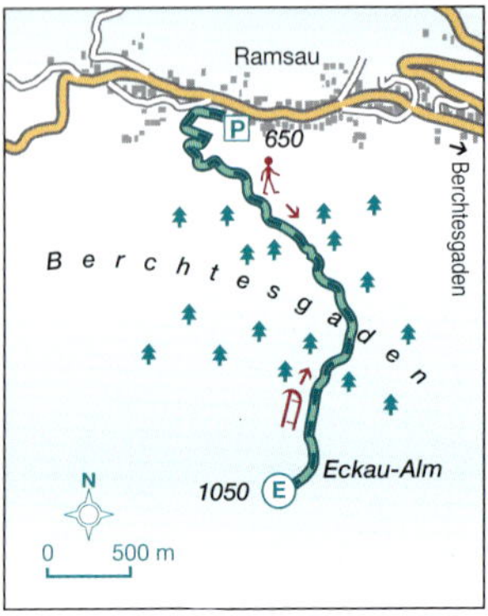

Aufstieg Vom Parkplatz aus nimmt man den rechten Forstweg und hält sich an die Beschilderung zur Eckau-Alm. Nach etwa 5 Minuten folgt man an der Weggabelung bei einer kleinen Hütte dem linken Weg, von dort an führt der Weg mit einiger Steigung bergauf. Nach einer guten Stunde durch Fichtenwald kommt man an eine Wegkreuzung, dort führt der Weg gerade-

Tourencharakter Die Rodelbahn führt schattig und sehr schneesicher durch den Mischwald. Sie wird von der Gemeinde Ramsau präpariert und bei Vereisung gesperrt. Anstieg und Rodelbahn befinden sich auf einer gemeinsamen Trasse, deshalb sollte man aufmerksam hochwandern und vorausschauend abfahren.
Offizielle Rodelbahn, meist geräumt.

Schwierigkeitsgrad: 2
Ausgangsort: Ramsau
Anfahrt: Autobahn A 8 München – Salzburg bis zur Ausfahrt Bad Reichenhall, weiter nach Berchtesgaden, abbiegen nach Ramsau, weiter bis Ramsau Ortsmitte. 400 m nach der Kirche in Richtung Hintersee zum Parkplatz Pfeiffenmacher (gebührenpflichtig). Mit der Bahn bis Berchtesgaden, umsteigen in Bus 9546 Berchtesgaden – Ramsau – Hintersee, Haltestelle Oberwirt. Hier ca. 300 m in westlicher Richtung zum Wanderparkplatz.
Einkehren: Richtung Hintersee im Wirtshaus im Zauberwald (Tel. 08657/552), Ruhetag: Mi.; beim Oberwirt in Ramsau, Tel. 08657/225, Familie Scheidsach, Im Tal 86, Ruhetag: Mo.
Höhenunterschied: 400 m
Gesamtdauer: Aufstieg 1 Stunde 15 Minuten, Abfahrt 15 Minuten
Länge: 3 km
Durchschnittsgefälle: 13 %
Rodelverleih: Konrad Hang, Haus Ahornbichl, direkt gegenüber Parkplatz Pfeiffenmacher. Tel. 08657/269.
Karte: Topografische Karte Berchtesgadener Land, Maßstab 1: 50 000, Bay. Landesvermessungsamt München
Fremdenverkehrsamt: Kurverwaltung Ramsau, Im Tal 2, 8386 Ramsau, Tel. 08657/ 98 89 20, Fax 772, E-Mail info@ramsau.de, Internet www.ramsau.de

Die **Eckau-Alm** (1050 m)
liegt umgeben von Wald auf einer schönen Lichtung mit Blick auf den Toten Mann.
Sie ist unbewirtschaftet, man kann aber vor der Hütte bei schöner Aussicht eine mitgebrachte Brotzeit verzehren.

aus weiter. Kurz darauf erreicht man die große Lichtung der Eckau-Alm und sieht diese auch schon vor sich. Nach etwa 5 Minuten ist man am Ziel.

Abfahrt Ab der Alm fährt man erst mal auf einem mäßig steilen Stück, im Wald nimmt dann das Gefälle leicht zu. Hier könnten vereiste Stellen die Fahrt unsicher machen, also aufgepasst! Die Bahn schlängelt sich durch den Wald, überquert eine Lichtung mit ein paar engen Kurven, danach folgt eine Gerade, dann, kurz vor dem Parkplatz, kann man den Schlitten auslaufen lassen.

TIPP Wenn man an einem der Adventssonntage ins Berchtesgadener Land fährt, kann man ein noch ziemlich urtümliches Spektakel erleben. Das Buttnmandllaufen, ein ursprünglich heidnischer Brauch, soll durch das »buttn« (scheppern, rütteln) großer Glocken die winterliche Natur wieder erwecken. Die Buttnmandl sind in langes, ungedroschenes Stroh eingebunden. Fellmasken und große, um die Taille gebundene Glocken sorgen für das furchteinflößende Aussehen. Die in Felle gekleideten, nicht so zahlreichen Kramperl sorgen dafür, dass die Gruppe der Buttnmandl zusammenbleibt, und geben die Anordnungen des Nikolaus weiter. Buttnmandl und Kramperl tragen eine Rute bei sich, die so genannte »Lebensrute«, und so mancher Zuschauer bekommt einen Schlag um die Beine zu spüren. Heute ist es hauptsächlich eine Gaudi für die jungen Burschen. Termine: 1. Advent in Loipl, 2. Advent in Winkl, 5. und 6. Dezember in allen Gemeinden und im Markt Berchtesgaden, 24. Dezember in der Gemeinde Maria Gern.

Aufstieg zur Eckau-Alm

60 Toter Mann – Ramsau

Der Tote Mann hat seinen schaurigen Namen wirklich nicht verdient, denn auf der Rodelbahn geht es quicklebendig zu. Außerdem kann man von seinem Gipfel aus ein grandioses Panorama erleben: die Gipfel des Nationalparks, den Hohen Göll, Watzmann, Hochkalter und Steinernes Meer.

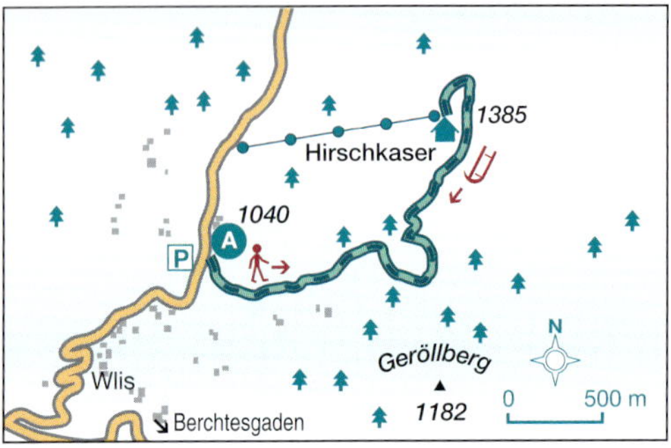

Aufstieg Ein kurzes Stück nach dem Gasthaus Schwarzeck zweigt rechts der Weg in Richtung Toter Mann–Hirscheck und zur Einkehrmöglichkeit Hirschkaser ab. Die erste Viertelstunde führt der Weg mäßig steil zunächst über Almwiesen, später in lichtem Fichtenwald zuerst flacher, dann steiler bergauf. Nach insgesamt etwa 20 Minuten halten wir uns bei der Weggabelung links Richtung Hirschkaser. Ab jetzt lohnt sich der Blick zurück auf Hochkalter und

60

Tourencharakter Vielfältige Rodelbahn über Almwiesen und durch den Wald, mit sonnigen Abschnitten, flacheren und steileren Partien. Anstieg und Rodelbahn befinden sich auf einer gemeinsamen Trasse, deshalb sollte man aufmerksam hochwandern und vorausschauend abfahren. Offizielle Rodelbahn, meist geräumt.

Schwierigkeitsgrad: 3
Ausgangsort: Ramsau
Anfahrt: Autobahn A 8 München – Salzburg, Ausfahrt Bad Reichenhall, Berchtesgaden, Ramsau, Hochschwarzeck. Parken am Ausgangspunkt Gasthaus Schwarzeck. Mit der Bahn bis Berchtesgaden, dann umsteigen in Bus 9545 Berchtesgaden – Ramsau – Hochschwarzeck, die Haltestelle Abzw. Toter Mann liegt direkt am Ausgangspunkt.
Einkehren: Zurück am Ausgangspunkt locken verschiedene Wirtshäuser, z. B. das Gasthaus Schwarzeck, Tel. 08657/ 529, der Hotelgasthof Nutzkaser, Tel. 08657/388, oder das Café und Brotzeitstüberl Ettlerlehen, Tel. 08657/ 272
Rodelverleih: Hirscheck-Sesselbahn (Tel. 08657/368), und bei Skischule Schwarzeck im Gasthaus Schwarzeck (Tel. 08657/674), beide am Ausgangspunkt.
Höhenunterschied: 350 m
Gesamtdauer: Aufstieg 1 Stunde, Abfahrt 20 Minuten
Länge: 3,2 km
Durchschnittsgefälle: 11 %
Karte: Topografische Karte Berchtesgadener Alpen, Maßstab 1: 50 000, Bay. Landesvermessungsamt München
Fremdenverkehrsamt: Kurverwaltung Ramsau, Im Tal 2, 8386 Ramsau, Tel. 08657/ 98 89 20, Fax 772, E-Mail info@ramsau.de, Internet www.ramsau.de

Startpunkt des Aufstiegs unterhalb des Toten Mannes

Der Rodler

Es mag kleinere und gemütlichere Hütten geben als die Berggaststätte **Hirschkaser** (1385 m). Aber die Aussicht ist grandios, vor allem am Abend, wenn die Sonne den Himmel in allen Rotschattierungen überzieht. Bewirtschaftet wird die Hütte, die keine Übernachtungsmöglichkeit bietet, von Familie Kurz, Tel. 08657/481, geschlossen ist sie von November bis Weihnachten.

Watzmann. Nach weiteren 10 Minuten biegt man abermals links ab, es wird zunächst steiler und nach einer kleinen Senke nimmt man den linken Weg: Nun ist es nicht mehr weit, nach einem kurzem Endspurt sieht man das Ziel vor sich.

Abfahrt Die Abfahrt beginnt an der Nordseite der Berggaststätte Hirschkaser bzw. bei der Bergstation der Hirscheck-Sesselbahn. Es geht zuerst steil, nach der kurzen Senke zumeist zügig bergab, es folgen ein paar unübersichtliche Kurven im Mischwald. Der untere eher gerade Abschnitt vereist leicht, man sollte früh genug das Tempo reduzieren.

TIPP Im Heimatmuseum im Schloss Adelsheim, Schroffenbergallee 6, Berchtesgaden, Tel. 08652/4410, sind die Erzeugnisse des Berchtesgadener Holz- und Kunsthandwerks in 13 Räumen des Renaissanceschlosses untergebracht. Daneben geben Gebrauchsobjekte und kunsthandwerkliche Arbeiten einen Überblick über die Geschichte des Holzhandwerks vom 16. bis ins 20. Jh. Darüber hinaus sind Sammlungen von Skulpturen, Möbeln und bäuerlichem Gerät zu sehen. Öffnungszeiten: Di.–So. 10–16 Uhr, Führung 15 Uhr, November geschlossen. – Für Bewegungsmuffel: Hirscheck-Sesselbahn, Tel. 0 86 57368, Sessellift: www.hochscharzeck.info.

Kühroint-Alm – Berchtesgaden 61

Wer ein eindrucksvolles Naturerlebnis sucht und eine lange Rodelbahn genießen will, sollte seinen Schlitten auf die Kühroint-Alm ziehen. Mitten im Alpen-Nationalpark direkt am Watzmann mit seiner herrlichen Bergkulisse findet man eine der längsten Rodeltouren Bayerns.

Aufstieg Vom Parkplatz an der Wimbachgriesbrücke nimmt man entweder den Weg, der direkt am Bach entlang führt, oder den Wirtschaftsweg, der sich im weiten Bogen über Wiesen und Wald den Berg hinaufzieht. Nach 20 Minuten – auf beiden Strecken ist eine gute Steigung zu bewältigen – treffen die Wege wieder aufeinander. In mehreren Kurven führt der Weg lange durch den Wald, bis man nach etwa 30 Minuten die Almfläche Schapbachboden erreicht. Es folgt ein flacher Abschnitt, man wandert an der Schapbach-Alm vorbei, dann steigt der Weg all-

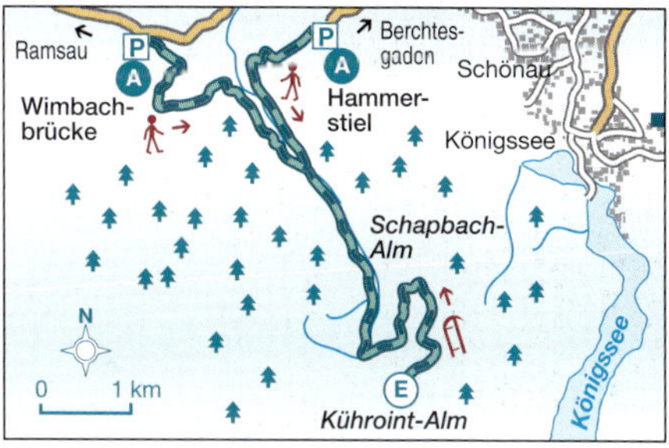

Tourencharakter Lange, nicht besonders anspruchsvolle Rodelbahn. Anstieg und Rodelbahn befinden sich auf einer gemeinsamen Trasse, deshalb sollte man aufmerksam hochwandern und vorausschauend abfahren. Ab und zu kommen Fahrzeuge des Bundesgrenzschutzes entgegen. Offizielle Rodelbahn, meist geräumt.

Schwierigkeitsgrad: 2
Ausgangsort: Schönau
Anfahrt: Autobahn A 8 München – Salzburg bis zur Ausfahrt Bad Reichenhall, auf der B 20 bis Berchtesgaden, rechts Richtung Ramsau, nach etwa 4,5 km links zum Parkplatz Wimbachgriesbrücke (gebührenpflichtig). Mit der Bahn bis Berchtesgaden, dann Bus 9545 Richtung Ramsau bis Wimbachgriesbrücke.
Einkehren: Am Parkplatz Hammerstiel: Hotel Bärenstüberl, Familie Ausserstorfer (Tel. 08652/9 53 20), Ruhetag: Montag. An der Wimbachklamm: Hotel-Restaurant Wimbachklamm (Tel. 08657/9 88 80), Ruhetag: Montag.
Höhenunterschied: 750 m
Gesamtdauer: Von der Bushaltestelle 3 Stunden, ab Parkplatz Hammerstiel und ab Parkplatz Wimbachgriesbrücke 2 Stunden, Abfahrt 25 Minuten
Länge: 7,5 km
Durchschnittsgefälle: 10 %
Karte: Topografische Karte Berchtesgadener Land, Maßstab 1: 50 000, Bayerisches Landesvermessungsamt München
Fremdenverkehrsamt: Verkehrsamt Schönau, Rathausplatz 1, 83471 Schönau, Tel. 08652/17 60, Fax 40 50, E-Mail tourismus@koenigssee.de, Internet www.koenigssee.de

61

Abfahrt von der Kühroint-Alm

Die **Kühroint-Alm** (1360 m) ist im Winter geschlossen. Aber direkt gegenüber befindet sich eine Privathütte des Bundesgrenzschutzes. Übernachtungsmöglichkeit gibt es keine, aber wenn man Glück hat, kann man hier kleine Snacks und Getränke kaufen. Von der Kühroint-Alm kann man, allerdings ohne Schlitten, eine halbe Stunde bis zur Archenkanzel weiterwandern, von dort hat man einen herrlichen Ausblick über den Königssee (diese Tour ist nicht für Kinder geeignet).

mählich an und wird nach einer Linkskurve noch steiler, bis man den Hang auf Serpentinen erklommen hat. Oben wird der Weg nach der Weggabelung, an der wir uns rechts halten, wieder flach, später etwas abfallend, aber leider nicht steil genug zum Rodeln. 15 Minuten nach der Gabelung erreicht man die Kühroint-Alm.

Abfahrt Auf der gesamten Rodelbahn können BGS-Fahrzeuge entgegenkommen, deshalb bitte vorsichtig abfahren. Das erste Stück muss man den Schlitten ziehen, nach der Weggabelung führt der Weg stetig, aber

61

immer steiler bergab. Nach der scharfen Kurve wird die Bahn ziemlich flott, der Abhang ist mit einem starken Zaun gesichert. Kurz vor der Abzweigung in Richtung Hammerstiel wird man den Rodel auf alle Fälle ein Stück ziehen müssen. Ab der Abzweigung schlängelt sich die Bahn eine Zeit lang mit sanftem Gefälle bergab, nach der Rechtskurve ist die Bahn bis zum Parkplatz wieder steiler.

Variante: Auf die Kühroint-Alm kommt man alternativ auch vom Parkplatz Hammerstiel, hier ist die Bahn teilweise etwas flacher.

TIPP Nach der Wanderung auf die Kühroint-Alm hat man sich eine Entspannung im Erlebnisbad Watzmanntherme (Tel. 08652/ 94640, Internet www.watzmanntherme.de), Bergwerkstr. 54 (Nähe Salzbergwerk), redlich verdient. Das große Freizeitbad bietet ein Solebecken, Dampfbad und Sauna sowie ein beheiztes Außenbecken. Öffnungszeiten: täglich 10–22 Uhr.

Rodeltouren nach Hütten